Learning iBeacon 한국어판

Learning iBeacon 한국어판

애플 위치감지기술 아이비콘

크레이그 길크리스트 지음 | 최윤석 옮김

지은이 소개

크레이그 길크리스트 Craig Gilchrist

작지만 강력한, 위치 기반 마케팅의 전면에 나선 디지털 대행사 이든 에이전시 (http://createdineden.com/)의 디지털 디렉터다. 길크리스트가 이끄는 팀은 세계 최초로 상용 아이비콘 기반 앱을 출시했으며, 현재 여러 분야에서 150만 이상의 다운로드 기록을 올렸다. 기술력과 창의력이 적절히 조화된 팀이기도 하다.

영국 노스요크셔 주가 근거지며, 2004년 소프트웨어 공학 학위로 티사이드 대학 Teesside University을 졸업한 이래 상용 소프트웨어를 개발해왔고, 2009년 이후에는 iOS 앱을 만들어왔다.

열렬한 독서가이며, 항상 상용 기술 개발의 전선에 있다. 모바일 앱 개발, 디지털 마케팅 외에 게임, 아동용 인터랙티브 미디어 등 리치 미디어 개발, 유니티, 오큘러스 리프트Oculus Rift의 가상현실에도 관심이 많다.

먼저, 내 존재 이유인 아들 테디에게 고마움을 전하고 싶다. 넌 아직 잘 모르겠지만, 네가 태어나기 전까지 나는 삶의 의미를 전혀 모르고 살았단다. 자라면서 네가 나한테 준 만큼 나도 네게 영감을 주고 싶다. 벌써 난 네가 너무나 자랑스럽다.

아내 리아에게도 이 책을 쓴 내내 '등대'처럼 지원해준 것에 대해 감사하고 싶다. 엄마가 된 목소리는 내게도 필요한 엄격한 목소리였다. 당신은 아름답고, 인내심 많으며, 훌륭하다. 그 후로 그들은 행복하게 살았다는 내 동화 속 주인공이다.

마지막으로 너무나 창의적이고 혁신적이며 내가 긴장을 늦추지 않게 해준, 친구 같은 이든 에이전시(@createdineden)의 내 팀에게 감사를 전한다. 오랫동안 정교한 솔루션을 계속 구축하기를 바란다.

4

기술 감수자 소개

안쿠시 아그라왈 Ankush Agrawal

UC 샌디에고 대학에서 컴퓨터 공학, 경영을 공부하는 학부 3학년생이다. 블루투스 로우 에너지Bluetooth Low Energy에 열정을 보여 독학으로 공부한 iOS 개발자기도 하다. BLE를 활용해 여러 형태의 해커톤 프로젝트에서 수상했고, 그 잠재력을 완전히 발견하기 위해 열심히 노력 중이다. 지난 두 여름 학기 동안 보잉사에서 인턴 생활을 했고, 현재는 실리콘밸리에서 기회를 찾고 있다.

롱 트란 Long Tran

UC 샌디에고 학생(2016년 졸업 예정)이며, 컴퓨터 공학 및 경영을 전공했다. 학교 밖에서는 포춘지 선정 500대 기업에 도전하기를 바라며, 신기술 동향 탐구를 아주 좋아한다. 아이비콘을 최근 iOS 프로젝트에서 잘 활용했다. 졸업 후 벤처 문화가 이미 자리 잡힌 회사에서 일할 계획이며, 거기서 자신의 사업을 시작하기 위해 학습하기를 희망한다.

티앤 장 Tian Zhang

iOS 개발, 블루투스 로우 에너지, 홈 오토메이션 분야에서 일하는 프리랜서다.

옮긴이 소개

최윤석(yoonsuk@gmail.com)

엠파스, SK 커뮤니케이션즈, 링크나우, 야후, KT 하이텔, 네오위즈 인터넷 등 인터넷 기업에서 검색, 소셜 네트워크, 미디어, 게임, 음악, 결제 분야의 분석, 기획, 전략, 마케팅 업무를 담당했다. 현재는 신세계 I&C에서 소매, 전자상거래 분야의 전략 업무를 맡고 있다. 서울대 불어불문학과를 졸업한 후 동 대학원을 수료했다. 에이콘출판사에서 출간한 『ROI를 높이는 실용 웹 분석』(2008), 『고객을 끌어오는 검색엔진 최적화』(2008), 『인바운드 마케팅』(2011), 『검색 엔진 최적화 A to Z』(2012), 『A/B 테스트를 통한 웹사이트 전환율 최적화』(2013), 『액션영화에서 배우는 웹 분석 전략』(2015), 『About Face 4 인터랙션 디자인의 본질』(2015)을 번역했다.

옮긴이의 말

애플이 아이비콘을 발표한 지 2년이 넘었고, 그 후 소매, 전시, 경기장, 호텔, 공항 등 여러 장소에서 다양하게 활용되었다. 사용자는 백화점, 마트, 쇼핑몰, 편의점, 수퍼마켓 등에서 자신의 위치에 따라 앱으로 할인 쿠폰을 수신하며, 미술관, 박물관에서는 전시품의 해설을 오디오 가이드 대신 앱으로 받는다. 그리고 경기장에서는 편의 시설 등의 위치 안내를 앱으로 받고, 호텔과 공항에서는 앱으로 시설 안내를 받는다.

이 밖에도 미아 찾기, 분실 방지 등 다양한 활용 사례가 등장했고, 이후 안드로이드에서도 블루투스 LE를 지원하는 단말과 운영체제가 등장하면서, 점차 애플과의 격차도 줄어들고 있다. 더구나, 최근 구글이 발표한 에디스톤 등 개방적인 플랫폼으로 인해 앞으로는 다양한 단말이 비콘의 수혜를 받아, 위치 기반 서비스가 더 많이 등장할 전망이다.

이 책은 애플 아이비콘에 한정돼 있어, 블루투스 LE 기반의 비콘 기술은 범위 밖이다. 그러나 비콘 학습의 출발점으로는 아주 훌륭하며, 서드파티 플랫폼과 다른 관련 IoT 기술도 함께 소개한다. 또한 비콘 단말을 구매하지 않고도 맥북을 가상화해서 테스트가 가능한 효율적인 방법도 안내한다.

비콘 기술의 수명을 놓고 논란이 있을 수 있으며, 많은 경쟁 기술이 측위 기술을 놓고 경쟁하고 있다. 그러나 최근 구글의 운영체제를 넘어선 광범위한 지원, 블루투스 SIG의 로드맵에 따르면, 당분간은 와이파이나 지자기에 비해 시장을 선도할 전망이다. 이를 바탕으로 많은 응용 서비스가 등장하기를 기대해본다.

한국어판 감수자 소개

박종현

인하대학교 전산학과를 졸업한 후 비에네스소프트, 팬택에서 모바일 소프트웨어 엔지니어로 국내, 해외 다수 모델의 소프트웨어를 개발했다. 소프트웨어 응용 분야에 관심이 많아 현 신세계아이앤씨로 자리를 옮겨 응용 분야에 매진하고 있다. 소프트웨어의 존재를 감추면서 소프트웨어를 이용할 수 있게 하는 게 지향하는 목표다.

김기남

팬택, SK 이노에이스 등에서 일했고 현재는 신세계아이앤씨 S-LAB에서 개발자로 근무하고 있다. 과거 피쳐폰에서 현재 스마트폰에 이르기까지 현업에서 블루투스, NFC, RFID 등 근거리통신 기술을 이용한 프로젝트와 개발에 참여했으며 현재도 관련 기술을 이용한 개발에 전념하고 있다. 겨울에는 스키를, 여름에는 카약을 즐긴다.

최순원

어린 시절 게임에 빠져 컴퓨터학과를 선택했고, 대학원 졸업 후 엔씨소프트에서 PlayNC 개발에 참여했다. 이후 모바일 분야로 옮겨 SK 이노에이스와 LG전자에서 다수의 단말 플랫폼 개발에 참여했다. 특히, LG G2에 세계 최초로 하이파이 사운드Hi-Fi sound 기능을 개발했으며, 현재 신세계아이앤씨 S-Lab에서 평생 개발을 꿈꾸는 아들 바보 개발자로 살아가고 있다.

박진우

LG CNS 금융사업부, KSNET, Cassis International, SK 플래닛 등을 거쳐 결제 및 O2O 관련 신규 서비스 기획과 개발 분야의 전문가로서 신세계 I&C SLAB에서 O2O에 특화된 플랫폼과 서비스를 연구/개발 중이다. 경기도 양평의 한적한 숲 속에 살면서 여가 시간에는 상점 자동화와 지역 상권에 도움을 주고자 SMB 매출과 연관되는 각종 지역 정보들을 빅데이터화하는 일에 몰두하고 있다.

차 례

7장 판매업체 SDK와 비콘 구매 및 설정 165

8장 고급 튜토리얼: 아이비콘 박물관   185

들어가며

아이비콘iBeacon 기술은 인터랙션 디자인IxD, Interaction Design 분야에서 가장 파괴적인 기술이다. 공식적으로 아이비콘은 애플이 정의한 프로토콜일 뿐이며, 블루투스 4.0 기반으로 구축됐다. 크리에이티브의 맥락에서 아이비콘은 주변 세상과 진정한 상호작용을 나누는 앱으로의 관문이다.

쇼핑 목록이 슈퍼마켓의 인터랙티브한 지도가 되고, 거리에서 운전하는 동안 전화가 조명을 켜며, 웨이터에게 말을 걸 필요도 없이 즐겨찾는 레스토랑의 앉고 싶은 테이블에서 식사를 주문한다. 상상해보라. 이 모두와 그 이상이 아이비콘으로 가능하다.

실용적, 현실적 접근법을 취해, 이 책은 위치 기반 솔루션을 iOS 기기에 제공하기 위한 아이비콘 기술의 개념과 응용을 알려줄 것이다. 단순한 시나리오 프로토타입부터 완벽한 기능의 인터랙티브한 박물관 앱까지, 엑스코드Xcode, 애플 코어로케이션CoreLocation, 코어블루투스CoreBluetooth 프레임워크를 사용해 모두 다룬다.

이 책은 비콘 발견, iOS 기기를 비콘으로 사용하는 방법부터 현실 세계의 사례에 더 가까운 더 강력한 튜토리얼까지, 아이비콘 기술 솔루션의 핵심 기능을 소개하기 위한 따라하기 쉬운 사례를 다루기 위해 기획됐다.

이 책에서 다루는 내용 전부는 곧바로 개발에 적용 가능하지만, 기술과 지원하는 iOS SDK의 요소마다 세분화하는 방식으로 이뤄졌다. 곧 인터랙티브한 위치 기반 솔루션을 쉽게 산출하기 위해 모든 도구를 갖추게 될 것이다.

마지막으로 이 책은 아이비콘을 구매하지 않고도 이해할 수 있도록, 맥을 아이비콘으로 사용하게 해주는 OS X 앱에 대해서도 설명한다.

이 책의 구성

1장, 아이비콘의 소개 아이비콘이 개발자에게 제공하는 기술과 놀라운 기회를 안내한다. 아이비콘을 가능하게 한 기술적인 진보를 다루고, 실제 비콘에 접근하기 위한 옵션을 설명한다. 마지막으로 오래전부터 익숙한 Hello World 애플리케이션을 만들어 쉽게 비콘을 사용해본다.

2장, 비콘 감지와 광고 표시 비콘 감지를 더 상세히 소개한다. 브로드캐스트하는 값으로 비콘들 간의 식별법을 보여주고, 리전의 개념, 리전과 로케이션을 나타내기 위해 사용한 코어로케이션 클래스 일부를 소개한다. 새로 발견한 지식으로 다양한 비콘에 접근하면서 다양한 경품을 표시하는 앱을 구축하는 튜토리얼을 구축하기 전에, 비콘 모니터링에 필요한 사용자 퍼미션도 다룬다.

3장, 광고의 브로트캐스트와 경품 전송 코어블루투스 프레임워크의 중요한 클래스를 소개하고, 작동하는 비콘 브로드캐스팅 앱 구축 전에 비콘의 브로드캐스팅 전력의 변형을 어떻게 처리하는지 논한다. 비콘 감지법 그리고 고유의 브로드캐스팅 값에 따라 실행하는 법을 익혔으니, 아이폰, 아이패드를 완벽히 동작하는 아이비콘 브로드캐스터로 어떻게 바꾸는지에 대해 배워본다.

4장, 비콘 범위와 보물 찾기 비콘 범위의 개념과 리시버로부터의 거리를 판단하는 개념을 소개한다. `CLLocationManager` 클래스 활용을 확대하고, 기기 하나를 센더sender로 설정하고, 다른 하나를 리시버receiver로 설정해 궁극적으로 단순한 보물 찾기 앱을 구축하게 해주는 튜토리얼을 소개한다.

5장, 백그라운드의 비콘 감지와 위치 기반 데이팅 백그라운드의 비콘 모니터링에 있어서 iOS의 핵심 책임을 소개한다. 앱이 백그라운드에 있을 때 iOS가 비콘 모니터링을 어떻게 맡아서 모니터링이 종료될 경우 앱을 런칭할지 논한다.

6장, 리전의 이탈과 분실 방지 비콘 기술의 다른 용도를 논하고, 사용자가 리전을 떠날 때를 근거로 한 기능을 소개한다. 집에 키나 지갑을 두고 오지 않게 보장하는 애플리케이션 개발법을 보여주기 전에 홈 오토메이션 기술의 가능성을 알아본다.

7장, 판매업체 SDK와 비콘 구매 및 설정 인기 있는 아이비콘 하드웨어 판매업체의 구현을 일부 설명하며, 아이비콘 하드웨어 구매가 어려울 수 있기에, 에스티모트Estimote SDK로 비콘 설정 도구를 구축하기 위해 판매업체 소프트웨어 개발 키트 중 일부를 소개한다. 이 장이 끝날 때면, 상용 구현을 진행해 비콘을 구매할 준비가 되고 확신도 생길 것이다.

8장, 고급 튜토리얼: 아이비콘 박물관 좀 더 고급 튜토리얼로 내용을 종합적으로 설명한다. 튜토리얼은 허구의 박물관에 집중하는데, 여러 전시회가 있고, 전시회마다 그 안에 여러 전시물이 있다. 사용자가 박물관을 돌아다니면, 앱에 보이는 정보는 현재 가장 가까운 전시물에 관한 정보를 보여주도록 변한다. 또한 사용자가 박물관 주변을 돌아다니면, 인터랙티브한 웹사이트에서 사용자의 여정을 추적할 수 있다.

9장, 아이비콘 보안과 위험요소의 이해 아이비콘으로 앱을 구축할 때 고려해야 할 보안 취약성을 다룬다. 사용자의 우려를 야기하는 보안과 관련한 불필요한 오해를 없애주며, 사용자에게 겁을 주지 않고 앱에서 보안 퍼미션을 자연스럽게 요청하는 방법도 설명한다.

준비사항

이 책을 위해 맥 OS X 장비에 엑스코드를 다운로드해야 할 것이다.

튜토리얼에 빨리 뛰어들기 위해, 예제 앱을 다운로드해야 하는데, 맥 장비가 아이비콘 역할을 하게 해주며, 책에 실린 아이비콘 프로필을 모두 포함한다.

맥은 블루투스 4.0(대부분 지원)이 있어야 하지만, 그렇지 않다고 해서 걱정할 필요는 없다. 예제 앱이 작동하게 하는 블루투스 4.0 USB 동글을 15달러 정도로 구할 수 있기 때문이다.

맥이 블루투스 4.0을 지원하는지 보기 위해, 다음 단계를 따르라.

1. 메뉴를 클릭하라.

2. About This Mac을 선택하라.

3. More Info 버튼을 클릭하라.

4. System Report 버튼을 클릭하라.

5. 좌측 사이드바에서 Hardware 아래의 Bluetooth를 선택하라.

6. LMP 버전을 찾을 때까지 정보 목록을 훑어내려가라.

7. 맥이 블루투스 4.0을 갖추고 있다면, LMP 버전은 0x6이라 할 것이다. 그보다 낮으면 블루투스 이전 버전이라 USB 동글이 필요할 것이다.

이 책의 대상 독자

이 책은 주변 세상과 상호작용을 나누는 솔루션 구축을 원하는 iOS 신규, 경력 개발자를 대상으로 한다. 이전에 엑스코드나 iOS SDK로 앱을 개발해본 경험은 없어도 되지만, 해본 경력이 있다면 좀 더 빨리 진행할 수 있다. 이 책에 담긴 튜토리얼은 독자의 배경 지식을 바탕으로 하나씩 구축해보며, 위치 기반 솔루션을 구축할 때 필요한 전부를 알려준다.

편집 규약

정보의 종류를 구분하기 위해 여러 가지 편집 규약을 사용했다. 각 사용 예와 의미는 다음과 같다.

본문에서 코드 단어는 다음과 같이 표시한다.

"이를 위해 우리는 CoreLocation에 레퍼런스를 추가해야 한다."

코드 블록은 다음과 같이 표시한다.

```
-(void)locationManager:(CLLocationManager *)manager
  didEnterRegion:(CLRegion *)region {
    UIAlertView * av = [[UIAlertView alloc] init];
    av.title = [NSString stringWithFormat:@"Entered Region
      '%@'", region.identifier];
    [av addButtonWithTitle:@"OK"];
    [av show];
}
```

명령행 입력이나 출력은 다음과 같이 표시한다.

open Estimote\ Beacon\ Manager.xcworkspace/

메뉴 혹은 대화 상자에 표시되는 단어는 다음과 같이 표시한다.

"About This Mac을 선택하세요."

 경고나 중요한 노트는 박스 안에 이와 같이 표시한다.

 팁과 트릭은 박스 안에 이와 같이 표시한다.

독자 의견

독자로부터의 피드백은 항상 환영이다. 이 책에 대해 무엇이 좋았는지 또는 좋지 않았는지 소감을 알려주기 바란다. 독자 피드백은 독자에게 필요한 주제를 개발하는 데 매우 중요하다.

일반적인 피드백을 우리에게 보낼 때는 간단하게 feedback@packtpub.com으로 이메일을 보내면 되고, 메시지의 제목에 책 이름을 적으면 된다. 여러분이 전문 지식을 가진 주제가 있고, 책을 내거나 책을 만드는 데 기여하고 싶으면 www.packtpub.com/authors에서 저자 가이드를 참조하기 바란다.

고객 지원

팩트출판사의 구매자가 된 독자에게 도움이 되는 몇 가지를 제공하고자 한다.

예제 코드 다운로드

이 책에 사용된 예제 코드는 http://www.packtpub.com의 계정을 통해 다운로드할 수 있다. 다른 곳에서 구매한 경우에는 http://www.packtpub.com/support를 방문해 등록하면 파일을 이메일로 직접 받을 수 있다. 또한 에이콘출판사의 도서정보 페이지인 http://www.acornpub.co.kr/book/ibeacon에서도 예제 코드를 다운로드할 수 있다. 팩트 사이트의 예제도 계속 업데이트될 예정이다.

오탈자

내용을 정확하게 전달하기 위해 최선을 다했지만, 실수가 있을 수 있다. 팩트출판사의 책에서 코드나 텍스트상의 문제를 발견해서 알려준다면 매우 감사하게 생각할 것이다. 그런 참여를 통해 다른 독자에게 도움을 주고, 다음 버전에서 책을 더 완성도 있게 만들 수 있다. 오자를 발견한다면 http://www.packtpub.com/support를 방문해 이 책을 선택하고, 정오표 제출 양식을 통해 오류 정보를 알려주기 바란다. 보내준 내용이 확인되면 웹사이트에 그 내용이 올라가거나, 해당 서적의 정오표 섹션에 그 내용이 추가될 것이다. http://www.packtpub.com/support에서 해당 타이틀을 선택하면 지금까지의 정오표를 확인할 수 있다. 한국어판은 에이콘출판사 도서정보 페이지 http://www.acornpub.co.kr/book/ibeacon에서 찾아볼 수 있다.

저작권 침해

저작권 침해는 모든 인터넷 매체에서 벌어지고 있는 심각한 문제다. 팩트출판사에서는 저작권과 라이선스 문제를 아주 심각하게 인식하고 있다. 어떤 형태로든 팩트출판사 서적의 불법 복제물을 인터넷에서 발견했다면 적절한 조치를 취할 수 있게 해당 주소나 사이트 명을 즉시 알려주길 부탁한다. 의심되는 불법 복제물의 링크를 copyright@packtpub.com으로 보내주기 바란다. 저자와 더 좋은 책을 위한 팩트출판사의 노력을 배려하는 마음에 깊은 감사의 뜻을 전한다.

질문

이 책에 관련된 질문이 있다면 questions@packtpub.com을 통해 문의하기 바란다. 최선을 다해 질문에 답해 드리겠다. 한국어판에 관한 질문은 이 책의 옮긴이나 에이콘출판사 편집팀(editor@acornpub.co.kr)으로 문의해주길 바란다.

1 아이비콘의 소개

아이비콘iBeacon과 그 광범위한 기회를 찾았다니 환영한다! 2013년 여름으로 거슬러 올라가면 애플의 소프트웨어 엔지니어링 SVP 크레이그 페데리기Craig Federighi는 iOS 7이 아이비콘을 포함할 것이라 조용히 발표했고, iOS 기기가 NFC(근거리통신)를 언제 포함할지에 관한 몇 달 간의 조사에도 종지부를 찍었는데, 지원하지 않겠다는 답변이었다.

컨퍼런스 동안 크레이그는 에어드랍의 새 공유 기능을 논할 때 애플 기기에 NFC가 포함되지 않을 이유를 다뤘다. 그는 "전화를 들고 방을 돌아다니다 다른 사람과 부딪힐 필요가 없다."고 말했다. 단도직입적으로 NFC 기술의 한계 대비 아이비콘 기술 선택의 이유와 그 놀라운 상업적 잠재력이 드러났다. 아이비콘의 범위가 NFC의 범위를 훨씬 넘어서기 때문이다.

아이비콘의 소개

간단히 말해 아이비콘은 아이비콘 스펙에 맞는 신호를 전송하는 블루투스 로우 에너지BLE 기기다. iOS 7 SDK는 아이비콘 신호에 대응하거나 아이비콘 전송기 역할까지 하는 앱을 구축하게 해줄 CoreLocation, CoreBluetooth 프레임워크의 업데이트를 포함한다.

하드웨어 비콘 구축을 위한 아이비콘 스펙은 MfiMade for iPhone 프로그램에 등록한 판매업체만 비밀유지계약 하에 활용 가능하다. 하지만 iOS 개발자로서 하드웨어 구축법을 알 필요는 없고, 아이비콘과의 인터랙션 방법, iOS 기기로 시뮬레이션하는 법만 이해하면 되는데, 모두 이 책에서 다룰 것이다.

BLE는 전력 소비가 거의 없이 100미터(330피트)까지 신호를 브로드캐스트할 수 있는 기기 개발을 허용하는 고전적인 블루투스 기술의 혁신적 도약이다. 즉 비콘은 5달러만으로 생산 가능하며, 시계용 리튬 배터리 하나로도 2년까지 브로드캐스트할 수 있다는 뜻이다.

이봐, 무슨 일이야

아이비콘이 브로드캐스트할 수 있는 정보에 관해 종종 오해가 있다. 기본적으로 아이비콘은 그 존재를 브로드캐스트하지 그 이상은 전혀 아니다. "이봐, 나 여기 있어"라고만 하지 다른 말은 안 한다. 아이비콘 기술로 데이터를 브로드캐스트할 수는 없고, 마찬가지로 아이비콘은 내가 가는 곳이나 내가 갔던 곳을 관찰하지는 않는다. 앱에서 아이비콘 확인 이상으로 요하는 데이터는 다음의 다이어그램에 보이듯, 번들링된 데이터베이스나 클라우드 서비스 등 다른 출처에서 끌어와야 한다.

▲ 아이비콘 앱 관계

아이비콘을 앱 기능의 트리거라 생각하는 편이 가장 좋다. 트리거는 비콘의 존재나 기기와 아이비콘의 상대적 거리를 기반으로 한다.

아이비콘은 앱이 어떤 비콘을 보는지 확인하도록 돕기 위해 세 값을 브로드캐스트한다. 나는 이를 다음과 같이 논할 UUID/메이저/마이너라는 브로드캐스팅의 세 요소라 부른다.

- UUID: 보편적인 고유의 식별자_{UUID}는 애플리케이션에 특수하며, 앱에만 속하고 다른 무엇에도 속하지 않는다. UUID를 생성하고 앱에게 이 값을 찾으라 한 후, 이 값을 브로드캐스트하는 아이비콘과 마주칠 때 그에 따라 행동한다. 앱 디플로이와 유스케이스에 특수하다.
- 메이저: 메이저 값은 더 나아가 특정 아이비콘과 유스케이스를 지정한다. 예를 들어 비컨이 주재하는 도시나 실제 매장 자체일 수 있다.
- 마이너: 마이너 값은 유스케이스의 하위 구분을 더 허용한다. 예를 들어 매장 내 구획이나 놀이 공원의 특정 영역일 수 있다.

 UUID를 직접 생성해, 다른 아무도 우연히 내 UUID를 사용하지 못하도록 보장한다. 하지만 특정 앱으로 UUID 사용을 등록하기 위한 어떤 감독 기구도 없으니, 이 값을 사람들이 가로챌 수 있다는 점만 알아둬라.

다음 표는 이 UUID/메이저/마이너 삼인조를 디즈니가 어떻게 사용해 월트디즈니 공원, 리조트에서 줄을 건너뛰는 앱을 개발할지 보여준다.

리조트 위치		플로리다	캘리포니아	파리
UUID		D03CA503-04B9-4D03-ABCE-54C9708A8C49		
메이저		1	2	3
마이너	테러타워	10	10	10
	스페이스마운틴	20	20	20
	모노레일	30	30	30

다국적의 단일 디즈니 리조트 대기열 단축 앱으로 위치를 판단해, 아이비콘 근처에 위치할 경우, 놀이기구 자리를 예약할 수 있다. 이전 표에서 볼 수 있듯, 공원이나 놀이기구 자체에 관해 어떤 정보도 기기에 넘어가지 않는다. 이 정보는 그 놀이기구를 기반으로 기능을 트리거하기 전에, 로컬 데이터베이스나 클라우드 API 등 다른 출처로부터 앱이 받아야 한다.

RSSI를 이용한 범위의 이해

분명히 앱이 이해할 수 있어야 하는 가장 중요한 요인 중 하나는 비콘 자체로부터 모바일 기기의 거리다. 이는 4장에서 깊이 다룰 것이다. 그때 비콘 범위에 의존하는 보물 찾기 앱을 구축할 것이다. 지금으로서는 아이비콘이 브로드캐스트하는 정보가 추가로 하나 더 있음을 알아야 한다.

아이비콘은 측정된 전력으로 알려진 데이터를 추가로 한 바이트 브로드캐스트한다. 측정된 전력은 1미터 거리에서 수신한 강도 신호 지표RSSI 값을 나타내는 값이다. RSSI는 dBm으로 측정하며, 비콘의 측정 가능한 신호 강도를 나타내는데, 거리와 함께 줄어든다. 이 RSSI 값은 판매업체의 비콘 구현에 따라 다르기에, 거리를 결정하기에 그리 신뢰할 만하지 않다. 바로 여기서 측정한 전력이 역할을 맡게 된다.

아이비콘 판매업체가 하드웨어 아이비콘을 설정할 때, 측정한 전력의 브로드캐스트 값을 정확히 설정해야 한다. 코어로케이션 프레임워크가 이 값으로 비콘의 거리를 결정해 개발자로서 활용할 수 있는 거리로 변환하기 때문이다.

 측정된 전력 값을 신뢰하지 못할 거리 측정의 출처를 신뢰할 만하게 만드는 방법으로 생각하라. 본질적으로 개발자로서 보지 못하는 변환 값이지만, 그 값을 이해해야 한다.

호환 기기

애플은 2013년 말 아이비콘 신호를 브로드캐스트하기 위해 BLE 기기 스펙만 발표했지만, 현명하게도 2011년 이래 블루투스 4.0 하드웨어를 기기에 집어넣었다. 즉 더 오래된 기기도 iOS 7 발표와 함께 아이비콘과 즉시 작동했다는 뜻이다.

다음 표는 아이비콘과 호환되는 iOS 기기 중 일부를 열거한다.

기기군	모델	출시일
아이폰	아이폰 4s	2011년 10월 14일
	아이폰 5	2012년 9월 21일
	아이폰 5s	2013년 9월 20일
	아이폰 5c	2013년 9월 20일
아이패드	아이패드 미니(1세대)	2012년 11월 2일
	아이패드 미니(2세대)	2014년 6월 30일
	아이패드(3세대)	2012년 3월 16일
	아이패드(4세대)	2012년 11월 2일
	아이패드 에어	2013년 11월 1일
아이팟 터치	아이팟 터치(5세대)	2012년 10월 11일

 이 책에서 다루지는 않지만, 블루투스 비콘이 블루투스 4.0이 있고 안드로이드 4.3 이후를 구동하는 안드로이드 기기와도 작동함을 지적할 만하다. 가장 인기 있는 기기 중 일부를 포함한다(삼성 갤럭시 S3/S4/S5/S4 미니, 삼성 갤럭시 노트 2/3, HTC One, 구글/LG 넥서스 7(2013 버전)/넥서스 4/넥서스 5, HTC Butterfly).

아이비콘의 상용 애플리케이션

아이비콘의 상업적 기회는 끝이 없다. BLE를 수용해, 애플은 본질적으로 위치 기반 기술을 실내로 들여왔고, iOS 기기를 사물 인터넷 기기로 자리잡게 했다.

판매업체와 개발자 모두를 위해 BLE 기술의 스펙을 공식화해, 애플은 본질적으로 위치, 근접도 기반의 기능을 실내로 들여왔기에, 홈 오토메이션 커뮤니티도 분명 상당히 흥분했다. 하지만 대부분의 개발자는 상용 앱의 잠재력 때문에 흥분했다. 몇 미터 내에서 정확히 매장, 박물관, 놀이 공원 내에서 iOS 기기의 위치를 이해하는 능력으로 앱 개발자로서 훌륭한 상업적 기회가 생겼다.

2013년 12월 애플은 미국 내 254개 매장 전체에 비콘을 설치해 아이비콘을 스스로 활용했고, 그 자체로 사례 연구가 되었다. 애플 스토어는 근접 위치를 인식해 기기에 애플 스토어 공식 앱을 설치한 고객에게 실제 보고 있는 품목과 관련된 정보를 제공했다.

애플의 아이비콘 구현 이래, 다음을 포함해 대규모의 많은 상용 프로젝트가 있었다.

- **메이시**(http://bit.ly/macysibeacon): 메이시는 아이비콘을 지원한 최초의 주요 소매업체였다. 쇼핑객에게 특별한 경품과 할인을 제공하고, 방문 시 리워드를 제공한다.

- **버진 애틀랜틱**(http://bit.ly/virgin-ibeacon): 버진 애틀랜틱은 아이비콘을 런던 히드로 공항에 디플로이해, 탑승객이 터미널을 방문하는 동안 프로모션 경품을 제공한다.

- **MLB**(http://bit.ly/mlb-ibeacon): 여러 메이저 리그 야구팀은 이제 구장에 아이비콘을 수용하여, 게임 도중에 모바일 기기로 팬들을 참여시킨다.

- **앤트워프 박물관**(http://bit.ly/antwerp-ibeacon): 앤트워프 박물관은 전시회에 아이비콘으로 생명을 불어넣어, 방문자가 루벤스 하우스 전시회 주변을 돌아다니면 사용자의 현재 위치 기반으로 현재 전시물 관련 정보를 트리거한다.

이 책을 쓰는 시점에 활용 가능한 실제 아이비콘 구현 중 일부일 뿐이다. 프로젝트가 진행되는 한, 한계는 없다. 욕구를 달래기 위한 몇 가지 아이디어는 이렇다.

- **프록시미티 마케팅**: 고객이 매장에 진입할 때 이전 구매 정보와 결합해 완전히 커스터마이징된 마케팅을 제공한다. 고급 가죽류를 지나칠 때, 단화는 이런 말을 한다. "이봐, 이 파란 가죽 단화는 지난 주에 산 그 꽃무늬 셔츠와 아주 잘 어울릴 거야."

- **홈 오토메이션**: 차를 세우는 데 현관등이 켜진다 상상해보라. 사실 혁신적이지는 않다. 여러 해 동안 동작 센서가 있었다. 하지만 동작 센서 외에 등 켜기가 욕조도 작동시키고 조명도 줄이며 어떤 편안한 음악도 재생한다 상상해보라.

- **박물관 전시**: 마치 전시와 갤러리 간을 미리 정해진 방향 없이 탐색할 때, 전화의 개인화 오디오 투어처럼, 박물관 큐레이터는 가장 인기있는 전시의 히트맵을 구축해 방문자 행동에 따라 갤러리를 재구성할 수 있다.

- **장소 내비게이션**: 맞춤형 투어 가이드 앱과 함께 큰 장소의 지오펜스 기반 내비게이션을 확보한다.

- **컨퍼런스 인터랙션**: 아이비콘으로 위치 맥락의 정보와 기능을 전달할 수 있다. 키노트 동안 앱은 회장 밖에서 전시 주변을 걸어다니는 사람이 아니라, 회장에 앉아 있는 사람에게 기능을 전달할 수 있다.

- **렌트카**: 비행기에 타기 직전, 렌트카를 주문해 지불할 수 있다. 이어서 공항에 도착할 때, 근처로 가면 차량은 자동으로 잠김이 풀릴 수 있다. 약간 더 컴퓨팅과 추가 하드웨어가 차량 내에 필요하겠지만, 핵심은 아이비콘으로 가능해진다.

- **택시 알림**: 전화로 택시를 호출한 후 밖에 차가 기다릴 때 푸시 알림을 받는다.

판매업체는 많고 시간은 없다

이 책을 샀으니, 짐작하건데, 아이비콘을 활용하는 iOS 앱을 구축할 과업을 맡았거나, 근접 위치에서 혜택을 받는 프로젝트가 있을 것이다. 내 제한된 추리력을 무시하자면, 아주 좋은 뉴스라 하겠다. 이 책은 아이비콘 가능한 아이폰, 아이패드 앱 구축에 필요한 모든 개발 지식을 갖춰줄 것이다. 그래도 사랑스런 아이비콘 하드웨어는 책이 주지 못할 것이다.

걱정 말라. 책의 튜토리얼을 완료하기 위해 실제 어떤 하드웨어도 필요하지 않다. 이 수반하는 OS X 앱을 포함하는데, 맥은 비콘으로 변한다. 이 장의 뒷부분에서 작동시키는 법을 안내할 것이다.

상용 애플리케이션을 구축하려면, 어떤 비콘를 구매할지 결정해야 할 것이다. 아이비콘의 얼리어답터로서 가장 인기있는 베타 서비스를 많이 샘플링해봤기에, 판매업체 간 아이비콘의 다양한 구현에 대한 통찰력을 제시할 수 있다.

이 책을 쓰는 시점에 아이비콘 판매업체가 되는 프로세스는 MFi 프로그램에 등록해, 아이비콘 스펙을 얻는 것이다. 개인적으로 샘플링해본 것은 에스티모트Estimote의 모트, 레드베어랩RedBearLab의 레드베어 비콘RedBear Beacon B1, 록시미티ROXIMITY 비콘들이다. 여러 판매업체는 하드웨어와 함께 자체 SDK를 공급하며, 7장에서 이 SDK 중 일부를 탐구할 것이지만, 판매업체의 아이비콘 구현들 간의 주된 차이를 살펴봄으로써 상용 프로젝트의 하드웨어 소싱에 관한 한, 더 정보 기반의 선택을 하도록 도울 것이다.

에스티모트

모트가 어떻게 생겼는지 보여주는 다음 그림을 관찰해보라.

▲ 에스티모트 비콘 혹은 모트

에스티모트는 2013년 12월 310만 달러의 시드 투자를 받아, 테크크런치, 와이어드지 당 디지털 언론의 뉴스 기사에 많이 회자됐다. 마케팅 자료는 모트가 시계 배터리 1개로 2년까지 구동할 수 있다 뽐내며, 스타일리시한 실리콘 케이스는 외부에서도 아름답게 작동함을 뜻한다.

에스티모트 비콘 센서는 이미 유럽의 대형 소매업체에서 사용 중이며, 미국 내에서도 대규모의 센서 네트워크 구축 중이다.

에스티모트는 가속기 하드웨어와 온도 센서를 포함해 대부분의 비콘보다 더 풍부한 기능 셋을 제공하기로 했다. 이 센서가 에스티모트 SDK를 사용할 때만 접근 가능하지만 더 창의적인 프로젝트도 개발을 허용한다.

에스티모트는 분명히 언론에서 아이비콘 기술의 가장 큰 흐름을 탔고, 아주 유명한 고객을 보유하고 있다. 이 글을 쓰는 시점에 비콘 자체는 비콘 3개를 포함해 99달러의 개발 키트로 구매 가능하며, 상업적 목적으로 더 많은 양은 구매가 불가하다.

에스티모트는 비콘 관리, 인터랙션을 위해 SDK를 제공하며, 앱스토어에서 구할 수 있는 iOS 앱도 제공하는데, 많은 개발 튜토리얼과 다음의 도구를 포함한다.

- **거리, 근접도 기반 데모**: 이 도구는 미터, 영어 단어(가까움, 멈 등)로 에스티모트 비콘으로부터 기기의 거리를 표시한다.

- **알림 데모**: 이 도구는 에스티모트 비콘의 리전에 진입할 때 지역 기반 푸시 알림 notify을 표시한다.

- **가속기, 온도 센서**: 비콘은 더 상상 속의 프로젝트 개발을 위해 가속기, 온도 센서도 포함한다.

- **비콘 관리**: 이 도구로 배터리 수명, 온도, 하드웨어 설정 등 에스티모트 비콘 상태 확인 외에 비콘의 UUID/메이저/마이너 브로드캐스트의 세 값 설정도 가능하다.

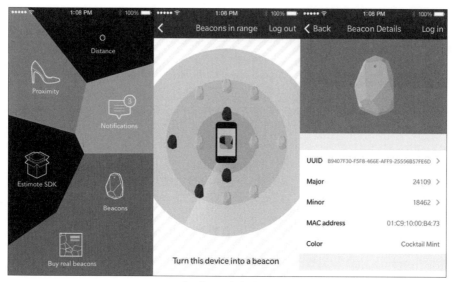

▲ 에스티모트 앱의 일부 기능

에스티모트 비콘의 장점

다음은 에스티모트 비콘의 몇 가지 장점이다.

- 아름다운 디자인이라, 일단 상용으로 출시한 후 어떤 소매, 고객 대상 환경에도 즉시 노출할 수 있는 미학적인 우아함이 있다.
- 에스티모트 SDK로 iOS, 안드로이드 애플리케이션 모두 잘 지원한다.
- 실리콘 커버라, 비콘을 외부에서도 사용할 수 있다는 뜻이다.

에스티모트 비콘의 단점

다음은 에스티모트 비콘의 몇 가지 단점이다.

- 아직 상업적으로 구매할 수는 없고, 개발자 팩만 구매할 수 있다.
- 봉인된 실리콘 유닛이라, 배터리 교체로 유닛의 파손 가능성이 있다.
- 개발자 킷이 가능하기까지 6주까지의 대기 시간이 있다.

록시미티

록시미티는 완전히 다른 접근법을 취해 비콘을 완전히 중앙 관리하게 해준다. 블루투스 비콘 설정도 없고, 여러 앱의 목적을 동시에 바꿀 수 있다. 쇼핑몰의 길 안내 전용 앱 내에서, 몰 자체 내 소매점의 로열티 앱을 위해서도 단일 록시미티 비콘을 사용할 수 있다. UUID/메이저/마이너 브로드캐스트의 세 값을 사용하지 않기 때문이다. 이 값들은 록시미티 비콘을 사용할 때 개발자가 사용할 수 없다. 대신 록시미티 비콘 구분자로 작업할 수 있고, 록시미티 SDK를 사용해야 한다. 코어 로케이션 프레임워크를 사용할 수 없다.

> "록시미티 비콘 하드웨어와 소프트웨어는 대규모 디플로이를 위해 설계, 구축됩니다. 비콘은 유지보수가 전혀 없이 쉽게 설치할 수 있게 설계됐습니다."
>
> – http://roximity.com/platform/

록시미티 비콘과 하드웨어는 모바일 마케팅에 가장 분명히 편향돼 있어서, 고도로 커스터마이징된 기능에는 가장 좋은 선택이 아닐 수 있다. 하지만 목표가 스포츠 구장, 쇼핑몰, 공항 등의 전문 앱에 록시미티 기반 마케팅을 제공하는 것이라면, 록시미티 비콘과 SDK는 아마 포장을 벗겨 바로 사용하기에 가장 포괄적인 비콘일 것이다.

록시미티 기능은 모두 온라인 판매상 대시보드를 통해 중앙에서 관리한다. 다음의 비콘 관리에 대한 록시미티 접근법을 따라, 솔루션 제공업체서 다음 단계를 완료해 타깃 위치에 비콘을 디플로이해야 할 것이다.

1. 록시미티 비콘을 록시미티 사이트에서 구매한다.
2. 비콘이 배송되면 온라인 판매상 대시보드에 추가된다.
3. 판매상 대시보드에서 새 애플리케이션을 설정해, 어떤 비콘이 애플리케이션에 추가될지 선택한다.
4. 록시미티 SDK를 앱에 추가해 위임 방법을 설정한다.

▲ 록시미티 판매상 대시보드 노트 메시지 대화상자

이 단순한 접근법을 따라 이미 커스텀 코드 한 줄도 작성하지 않고 사용 가능한 기능이 많이 생긴다.

- 록시미티로 판매상 대시보드를 통해 푸시 알림을 직접 보내고, 설정할 수 있다.

- 록시미티는 방문자의 심도 있는 분석을 제공한다.

- 록시미티 SDK는 사용자의 기기 전화번호를 검증할 수 있다. 그럼으로써 그 사용자의 추가 도달 가능성과 위치 정보, 그 사용자의 위치를 찾거나 요청하는 추가 수단이 생긴다.

- 록시미티 SDK는 앱에 정확히 구현하면 상업적인 장소에 배치된 비콘의 정확한 위치를 보고한다. 이 정확한 위치는 앱스토어를 통해 록시미티가 제공하는 ROXIMITY Beacon Explorer 앱으로 설정할 수도 있다.

- 메시지 대화상자는 사용자가 판매상 대시보드를 통해 리전에 진입할 때 응답을 포착하도록 설정할 수 있다.

ROXIMITY Beacon Explorer 앱(http://bit.ly/ roximity-be)으로 SDK로 앱을 구축할 필요 없이 대화상자, 설정을 데모, 테스트할 수 있다. 앱 구축 착수 전에 테스트 기능에 아주 좋다.

록시미티 비콘의 장점

다음은 록시미티 비콘의 몇 가지 장점이다.

- 철저한 SDK로 개발이 빠르다.

- 비콘 하나를 여러 앱에서 사용할 수 있다. UUID/메이저/마이너 등 브로드캐스트의 세 값에 의존하지 않기 때문이다.

- (블루투스를 통해) 하드웨어 설정 요건이 없는데, 비콘을 다른 목적으로 빠르고 쉽게 재활용할 수 있으며, 마케팅 캠페인을 중앙 관리 플랫폼을 통해 최적화할 수 있다는 뜻이다.

록시미티 비콘의 단점

다음은 록시미티 비콘의 몇 가지 단점이다.

- UUID/메이저/마이너 등 브로드캐스트의 세 값을 통제할 수 없기에, 록시미티 SDK를 사용해야 하는데, iOS SDK를 개발에 사용할 수 없다는 의미다.

- 프록시미티 마케팅을 너무 강조하는데, 다른 목적으로 록시미티 비콘을 사용하기가 단순한 비콘 구현보다 더 어렵다는 뜻이다.

- 현재 아주 제한적인 분석만 판매상 대시보드를 통해 사용 가능하다.

레드베어랩

레드베어랩은 홍콩 기반의 회사로, BLE 기술에만 전문화된다. 아두이노 실드 등 여러 BLE 제품이 있으며, 하드웨어에서 브랜드를 확립했다.

▲ 레드베어 비콘 B1

레드베어랩은 아이비콘 제품 레드베어 비콘 B1에 단순하고 상식적인 접근법을 수용해, 브랜딩이 아닌 하드웨어에 초점을 맞췄다.

록시미티, 에스티모트 옵션보다 더 큰 레드베어 비콘 B1은 AAA 배터리 두 개가 전력이며, CR2032 코인 배터리의 전력인 비콘의 배터리 수명보다 다섯 배를 제공한다.

레드베어랩은 비콘에 온라인 관리 플랫폼을 전혀 제공하지 않는다. 하지만 OTA 펌웨어 업그레이드를 제공하는데, 펌웨어 업데이트를 앱스토어에서 구할 수 있는 RebBear BeaconTool 앱을 통해 쉽게 할 수 있다는 뜻이다(http://bit.ly/RedBear-BT).

레드베어 비콘 B1은 BeaconTool 앱을 통해 아주 단순한 관리 기능이 있고, 하드웨어 설정 버튼이 있기에 다른 비콘에 비해 아주 안전한다. 버튼은 단기간 동안 설정 모드를 활성화한다. 이 하드웨어 기능 외에 비콘에 커스텀 관리자 비밀번호를 아주 쉽게 설정할 수 있다는 사실과 조합하면, 다른 판매업체 비콘보다 하이재킹 가능성이 훨씬 적다는 뜻이다. 9장에서 아이비콘과 관련된 보안 이슈를 논할 것이다.

마지막으로 레드베어 비콘 B1은 우아하면서도 천재적인 고유의 기능이 하나 있는데, 전원 스위치다. 내가 즐겁게 실험해본 다른 비콘은 이 기능이 전혀 없는데, 앱 개발 시 아주 유용하다. 비콘을 켜고 끄는 하드웨어 전원 스위치로 비콘 리전의 진출입을 아주 간단히 시뮬레이션할 수 있다.

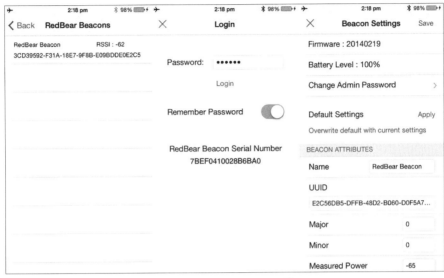

▲ 레드베어 BeaconTool iOS 앱

레드베어 비콘 B1, 레드베어 BeaconTool 앱은 간단한 설정, 탄탄한 하드웨어 보안, 전원 기능을 제공하는데, 완벽한 개발의 동반자라는 뜻이다.

레드베어 비콘 B1의 장점

다음은 레드베어 비콘 B1의 장점이다.

- 설정과 온라인 모드를 오가는 하드웨어 버튼 때문에 UUID/메이저/마이너 등 브로드캐스트의 세 값에 대해 허가 없는 설정이 어렵다.
- 가장 긴 배터리 수명에 배터리 교환도 가장 쉬운 유닛이다.
- 비콘 대역의 진출입을 쉽게 시뮬레이션해주는 전원 스위치가 있다.

레드베어 비콘 B1의 단점

다음은 레드베어 비콘 B1의 단점이다.

- AAA 배터리 두 개를 포함해, 이전에 논한 세 가지 중 가장 크고 무거운 비콘이다.

- 미학적으로 이전에 논한 비콘들 중 가장 만족스럽지 못하다. 소비자 지향의 상용 디플로이에 그리 좋지 않다는 뜻이다.

- 이전에 논한 다른 두 비콘 같은 추가 센서나 소프트웨어 기능은 없다.

기타 판매업체 옵션

물론 다른 판매업체도 아주 많고, 항상 시장에 점점 더 많은 새 비콘이 나오니, 여러 새 판매업체 중에서도 선택할 수 있다.

이전에 논한 셋은 단지 내가 즐겁게 테스트했기에 경험을 공유할 수 있는 가장 인기있는 비콘 중 일부일 뿐이다. 비콘을 대량 구매한다면, http://www.alibaba.com/ 등 거래 사이트 사용도 고려하고 싶을 수 있다. 이 온라인 거래 플랫폼에 훌륭한 비콘도 있고, 그리 훌륭하지 않은 비콘도 있었지만, 전반적으로 내 경험은 좋았다. 이미 논한 세 비콘은 유닛 당 23달러에서 35달러 사이다. 하지만 alibaba.com의 공급업체로부터 직접 구매할 때는 개인적으로 유닛 당 4달러까지 싸게 아주 좋은 유닛을 구매했다.

거래 사이트에서 아이비콘을 구매할 때, 나는 하위 셋으로 먼저 5에서 10 유닛으로 주문하도록 권장한다. 대부분의 판매업체는 이런 거래에서 유닛 당 2에서 3달러를 부과할 것이며, 장래에 더 구매하면 규모의 경제를 따를 것이다.

거래 사이트에서 아이비콘을 구매할 때, Made for iPhone 프로그램을 따른 비콘도 찾아야 한다. 이를 확인하는 핵심적인 방법은 아이비콘 로고 표시다.

▲ Made for iPhone 로고

컴패니언 OS X 애플리케이션과 웹사이트

이 책의 튜토리얼을 완료하기 위해, 내장된 블루투스 어댑터가 블루투스 4.0일 경우 활용해, 맥을 아이비콘처럼 작동하게 해주는 컴패니언 앱이 있기에 어떤 아이비콘 하드웨어도 보유할 필요가 없다. 컴패니언 웹사이트에서 컴패니언 앱 외에, 앱에서 코드 튜토리얼도 다운로드할 수도 있다. 컴패니언 앱과 코드 샘플은 다음 주소에서 다운로드할 수 있다.

http://ibeacon.university/

기기에 블루투스 4.0이 없다고 걱정할 필요는 없다. 컴패니언 앱을 작동하게 해줄 블루투스 4.0 USB 동글을 15달러 이하에 구할 수 있다.

맥이 블루투스 4.0을 활성화하는지 보려면, 다음 단계를 따르라.

1. 상태 바에서 애플 아이콘을 클릭한다.

2. About This Mac을 선택한다.

3. More Info 버튼을 클릭한다.

4. System Report 버튼을 클릭한다.

5. 좌측 사이드바에서 Hardware 아래의 Bluetooth를 선택한다.

6. 다음과 같이 LMP Version을 찾기까지 정보 목록을 훑어 내려간다.

맥에 블루투스 4.0이 갖춰져 있다면, 0x6이라 할 것이다. 그 이하는 블루투스 옛날 버전이라 USB 동글이 필요할 것이다.

이전 스크린샷의 맥은 동글이 필요하다.

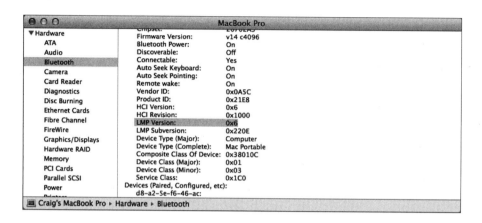

이전 스크린샷은 블루투스 3.1을 갖춘 맥북 프로를 보여주며, USB 동글이 필요할 것이다.

그 다음 스크린샷의 맥은 USB 동글을 갖춘 맥북 프로를 보여준다.

 이 책을 쓰는 동안 나는 맥북 프로 2011년말 모델을 사용했는데, 불행히도 블루투스 3.1만 갖췄다. 나는 꽂을 수 있는 USB–BT4LE 블루투스 4.0 USB 어댑터를 13달러에 구했는데, 그것으로 내 맥북은 아이비콘 전송이 가능해졌다.

컴패니언 앱 사용

컴패니언 앱은 책 전반에 걸쳐 사용하며, 맥을 아이비콘으로 사용 가능하게 해준다. 팩트 출판사 사이트의 다운로드 섹션에서 다운로드할 수 있으며, 책 전반에 걸쳐 사용하는 모든 비콘이 미리 설정돼 있다.

컴패니언 앱으로 현실 세계에서 OS X 매버릭스나 마운틴라이언을 구동하는 블루투스 4.0 가능한 어떤 맥으로도 물리적 비콘을 시뮬레이션할 수 있다.

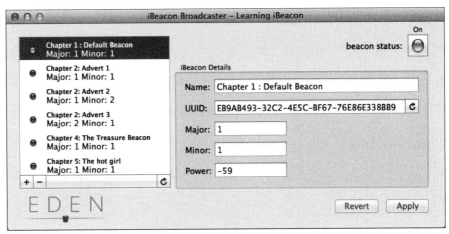

▲ 아이비콘 신호를 브로드캐스트하는 컴패니언 앱

컴패니언 OS X 앱은 이 책의 모든 튜토리얼에 미리 설정돼 있다. 비콘을 시작하기 그냥 좌측 메뉴의 튜토리얼에서 비콘를 선택한 후, 우측 패널에서 전원 버튼을 태평하면 된다.

컴패니언 앱의 기능은 다음 표에서 볼 수 있다.

버튼	용도
+	추가 버튼으로 새 아이비콘 프로필을 자체 개발 수요에 맞춤
−	삭제 버튼으로 아이비콘 프로필을 제거
↻	튜토리얼 비콘 중 일부를 잃는다면, 리셋 버튼으로 앱의 아이비콘 프로필을 리셋

Hello World

시간을 존중하는 전통으로, 우리는 전통적인 "Hello World" 튜토리얼 없이 이 장을 끝낼 수가 없다. 컴패니언 앱으로 맥을 아이비콘 브로드캐스터로 사용할 것이며, 앱은 단지 리전에 진출입할 때마다 알림을 표시할 것이다.

이 개념들을 더 상세히 나중 장들에서 다룰 것이지만, 참고로 사용할 클래스는 다음과 같다.

- CLLocationManager: CLLocationManager 클래스는 로케이션 관련 이벤트를 앱에 전달해 리전에 진출입할 때 알려준다.

- CLLocationManagerDelegate: CLLocationManagerDelegate 프로토콜은 CLLocationManager로부터 로케이션과 헤딩 업데이트를 받을 때 사용하는 델리게이트 메소드를 정의한다.

- CLBeaconRegion: CLBeaconRegion 오브젝트는 블루투스 비콘으로부터 기기의 근접도를 기반으로 리전의 유형을 정의한다.

착수

엑스코드Xcode를 열어 새 프로젝트를 시작한다. 프로젝트 타입으로 iOS 템플릿 메뉴에서 Single View Application을 선택한다.

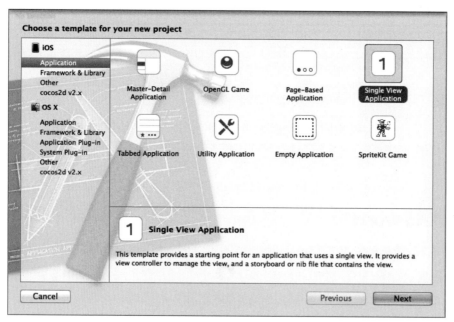

▲ 새 프로젝트 대화상자

다음 스크린샷에 보이는 값으로 새 프로젝트를 설정한다.

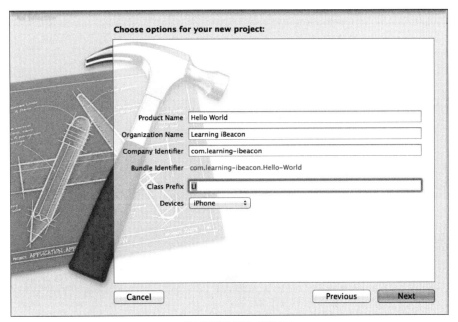

▲ 새 프로젝트 옵션 대화상자

코어로케이션 프레임워크 추가

이 앱이 작동하는 데 필요한 모든 기능은 코어 프레임워크에 있다.

프로젝트 내비게이터의 프로젝트를 클릭해 General 탭의 Linked Frameworks and Libraries 섹션으로 스크롤해 내려가 추가 아이콘을 클릭한다. 다음 스크린샷에 보이는 대로 코어로케이션 프레임워크를 추가해야 할 것이다.

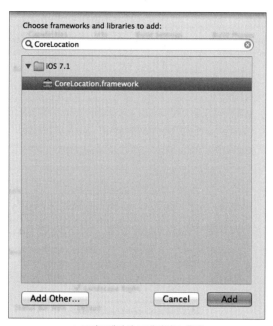

▲ 코어로케이션 프레임워크 추가

사실 이 튜토리얼에서 LIViewController 클래스만 신경 쓴다. 리전 안밖으로 드나들 때 사용자에게 제시할 곳이기 때문이다. 그러기 위해 코어로케이션에 참조를 추가해야 한다. LIViewController.h를 열어 기존 UIKit 임포트 아래 다음 행만 추가하면 된다.

```
#import <CoreLocation/CoreLocation.h>
```

 예제 코드 다운로드

http://www.PacktPub.com에서 구매한 모든 팩트 책의 예제 코드 파일을 다운로드할 수 있다. 책을 다른 곳에서 구매했다면 http://www.PacktPub.com/support를 방문해서 직접 보내진 이메일에 있는 파일을 가지고 등록하면 된다. 에이콘출판사 도서정보 페이지 (http://www.acornpub.co.kr/book/ibeacon)에서도 다운로드할 수 있다. 팩트 사이트의 예제도 계속 업데이트될 예정이다.

퍼미션 메시지 추가

iOS 8.0 이래, plist 설정에서 로케이션 설명 메시지를 지정해야 한다. 사용자가 이 로케이션 서비스 사용에 왜 퍼미션이 필요한지 이해하도록 돕는 친숙하고 괜찮은 메시지다. 그러기 위해 프로젝트 파일을 열어 타깃인 Hello World를 클릭한 후 Info 탭 아래에 다음 값으로 Custom iOS Target Properties 아래의 딕셔너리에 새 값을 추가한다.

- Key: NSLocationAlwaysUsageDescription
- Value: This app needs your location to show you how cool iBeacon is.

CLLocationManagerDelegate 메소드의 설정

ViewController 인스턴스에서 모든 액션이 발생하기에, ViewController가 로케이션 이벤트를 인지하는 것이 맞다. 그러기 위해 CLLocationManagerDelegate로 만들어야 한다.

계속해서 LIViewController 인터페이스 선언문에 선언을 추가해야 한다. LIViewController.h의 인터페이스 선언을 다음 코드와 같이 보이게 바꾼다.

```
@interface LIViewController :
  UIViewController<CLLocationManagerDelegate>
```

기기가 리전에 진입할 때 알림을 표시할 수 있도록 CLLocationManagerDelegate 메소드도 구현해야 한다. LIViewController.m 파일에서 LIViewController 구현의 끝에 다음 코드를 추가한다.

```
-(void)locationManager:(CLLocationManager *)manager
  didEnterRegion:(CLRegion *)region {
    UIAlertView * av = [[UIAlertView alloc] init];
    av.title = [NSString stringWithFormat:@"Entered Region
      '%@'", region.identifier];
    [av addButtonWithTitle:@"OK"];
    [av show];
}
```

```
-(void)locationManager:(CLLocationManager *)manager
  didExitRegion:(CLRegion *)region {
    UIAlertView * av = [[UIAlertView alloc] init];
    av.title = [NSString stringWithFormat:@"Left Region
      '%@'", region.identifier];
    [av addButtonWithTitle:@"OK"];
    [av show];
}
```

 "잠깐, CLRegion이 뭐지?"라 물을 수 있다. 글쎄, CLBeaconRegion은 CLRegion을 상속하기에 CLBeaconRegion이 CLRegion이다. CLLocationManager로 로케이션 관련 이벤트를 전달하는데, 반드시 비콘 관련 활동에서 나올 필요는 없음을 기억해야 한다.

CLLocationManager 인스턴스 추가

이제 CLLocationManager 인스턴스가 이벤트를 받을 때, 뷰 컨트롤러가 알림을 받을 것이지만, 아직 CLLocationManager 인스턴스가 없다. 다음 속성을 LIViewController.m 내 LIViewController 인터페이스에 추가한다.

@property (nonatomic, strong) CLLocationManager * locationManager;

UUID 준비

어떤 리전을 찾는지 앱이 알려면, UUID 저장 방법이 필요하다. LIViewController.m 의 구현 아래 다음 행만 추가하면 된다.

static NSString * uuid = @"EB9AB493-32C2-4E5C-BF67-76E86E338BB9";

모니터링의 시작

앱이 이미 로케이션 기반 업데이트를 허용하도록 준비됐다. 이제 리전을 생성하고, 로케이션 매니저를 인스턴스로 만들며, 리전 모니터링을 시작하기만 하면 된다. 다음 코드로 LIViewController의 viewDidLoad 메소드를 덮어쓴다. 가장 중요한 코드는 간단히 살펴볼 것이다.

```
- (void)viewDidLoad
{
    [super viewDidLoad];
    NSUUID * regionUUID = [[NSUUID alloc]
      initWithUUIDString:uuid];

    CLBeaconRegion * region = [[CLBeaconRegion alloc]
      initWithProximityUUID:regionUUID identifier:@"My Region"];

    [region setNotifyOnEntry:YES];
    [region setNotifyOnExit:YES];
    self.locationManager = [[CLLocationManager alloc] init];
    self.locationManager.delegate = self;

    [self.locationManager requestAlwaysAuthorization];

    [self.locationManager startMonitoringForRegion:region];
}
```

행마다 살펴보기

이전 코드를 행마다 세분화하자.

1. 먼저, 문자열 구분자(uuid)로 NSUUID 인스턴스를 생성한다. CLBeaconRegion이
   초기화되려면 이런 오브젝트가 필요하기 때문이다.

```
NSUUID * regionUUID = [[NSUUID alloc]
  initWithUUIDString:uuid];
```

2. 다음으로 NSUUID에 새 CLBeaconRegion 패싱을 생성한다.

```
CLBeaconRegion * region = [[CLBeaconRegion alloc]
  initWithProximityUUID:regionUUID
  identifier:@"My Region"];
```

3. 다음으로 리전 이벤트를 설정한다. 리전에 진출입 시 알림을 받는 데 관심을
   둔다.

```
[region setNotifyOnEntry:YES];
[region setNotifyOnExit:YES];
```

4. 다음으로 CLLocationManager를 인스턴스화해, ViewController를 그 위임으로 추가한다.

```
self.locationManager = [[CLLocationManager alloc] init];
self.locationManager.delegate = self;
```

5. 마지막으로 로케이션 서비스의 퍼미션을 요청한 후, 방금 생성한 CLBeaconRegion 모니터링을 시작한다.

```
[self.locationManager requestAlwaysAuthorization];
[self.locationManager startMonitoringForRegion:region];
```

코드 테스트

iOS 기기를 맥에 꽂아 컴파일한 후 앱을 디버깅한다. 빈 흰 화면이 나타나야 한다. 코어로케이션을 사용 중이기에, 앱이 로케이션을 사용하도록 퍼미션을 줘야 한다. 다음에 동의해야 한다.

▲ 로케이션 퍼미션 대화상자

이제 맥에서 컴패니언 앱을 열어 좌측 목록에서 Chapter 1 : Default Beacon이라는
비콘 프로필을 선택한 후, 다음 스크린샷에 보이는 대로 전원 버튼을 클릭한다.

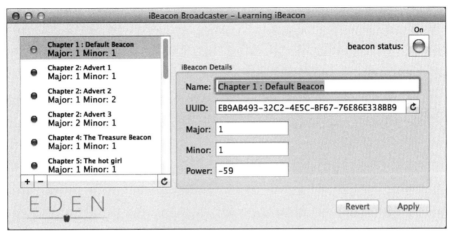

▲ 맥을 이용한 첫 아이비콘 브로드캐스트

방금 시뮬레이션한 것은 리전에 진입한 기기다. 실제 시나리오라면 비콘은 계속
돌아 기기가 범위에 들 것이다. 비콘을 향해 걷기 때문이다. 하지만 컴패니언 앱도
이 인스턴스에서 그만큼 역할을 다한다.

다 순조롭다면, 다음 스크린샷이 보여야 한다.

▲ 성공적으로 진입한 리전

마지막으로 비콘 프로필을 컴패니언 OS X 앱에서 꺼서 리전 진출을 테스트한다. 리전을 떠났음을 앱이 등록하려면 30초까지 걸릴 수 있다. 이벤트가 시작된 후에는 다음 스크린샷이 보여야 한다.

▲ 성공적으로 진출한 리전

 지연의 이유는 didExitRegion 메소드가 비콘 범위 파악 후 자원을 정리하려는 의도가 때문인데, 다른 장들에서 다룰 것이다. 애플의 구현은 블루투스 신호가 간섭 대상일 수 있을 때 시작되지 않도록 보장하기 위해 지연을 포함한다.

정리

아이비콘 기술로 첫 앱을 구축했으니 축하한다! 놀라운 실내 위치 기반 애플리케이션을 구축하기 위한 무기고에 첫 요소를 추가했다. 책의 나머지는 기술보다 코드에 집중하며, 다음은 프록시미티 기반 마케팅을 보여줌으로써 더 심도 있는 기능을 다룰 것이다. 마음의 준비를 하자!

2
비콘 감지와 광고 표시

이전 장에서 아이비콘의 놀라운 가능성을 소개하고, UUID/메이저/마이너 브로드캐스트의 세 값에 관심을 돌렸다. 아주 단순하지만 비콘의 존재를 감지하는 첫 앱도 구축했다.

이 장은 지식을 넓혀 브로드캐스트 세 값의 심도 있는 이해로 넘어가고, 코어로케이션 프레임워크 내 중요한 클래스 일부로 확장할 것이다.

더 심도 있는 개념을 입증해주기 위해, 감지하는 비콘의 메이저, 마이너 값에 따라 다양한 광고를 표시하는 앱을 구축할 것이다. 메이티라는 상상 속의 백화점의 맥락을 사용할 것이다. 메이티는 현재 런던 본점에서 아이비콘 테스트를 진행 중이며, 현재 다양한 주제의 식당과 여성복에서도 브랜드 앱 사용자에게 경품을 제공중이다.

UUID/메이저/마이너 브로드캐스트 세 값의 사용자

이전 장에서 브로드캐스트 세 값 뒤에 숨은 이유를 다뤘다. 더 현실적인 시나리오로 세 값을 사용할 것이다. 더 상세히 세 값을 다시 살펴보자.

UUID – 보편적인 고유의 식별자

UUID는 앱에 고유한 값을 부여하려는 의도다. 조작할 수 있지만, 일반적으로 앱은 그 UUID를 찾는 유일한 앱일 것이다. 9장에서 다룰 것이다.

UUID는 리전을 확인하는데, 리전은 그 중앙 지점에서 비콘의 최대 브로드캐스트 범위다. 리전을 중앙에 비콘이 있는 브로드캐스트의 원으로 생각하라.

같은 UUID의 많은 비콘이 중복되는 브로드캐스트 범위를 가진다면, 리전은 다음 표에 보이는 것처럼 조합된 모든 비콘의 브로드캐스트 범위로 나타날 것이다. UUID이 같은 모든 비콘의 결합된 범위는 리전이 된다.

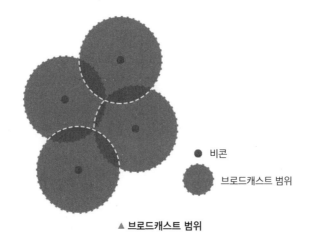

● 비콘

브로드캐스트 범위

▲ 브로드캐스트 범위

더 구체적으로 리전은 CLBeaconRegion 클래스 인스턴스 나타나는데, 이 장의 나중에 더 상세히 다룰 것이다. 다음 코드는 CLBeaconRegion의 설정법을 나타낸다.

```
NSString * uuidString = @"78BC6634-A424-4E05-A2AE-A59A25CAC4A9";

NSUUID * regionUUID;
```

```
regionUUID = [[NSUUID alloc] initWithUUIDString:uuidString"];

CLBeaconRegion * region;
region = [[CLBeaconRegion alloc] initWithProximityUUID:
  regionUUID identifier:@"My Region"];
```

일반적으로 대부분의 앱은 한 리전만 모니터링할 것이다. 보통 메이저, 마이너 값이 16비트의 기호 없는 정수기에 불충분한데, 값마다 UUID 당 4,294,836,225개의 고유한 비콘 결합을 낳는 65,535개에 이르는 수치일 수 있다는 뜻이다.

메이저, 마이너 값으로 유스케이스의 하위 섹션을 나타내기에, 메이저 값의 65,535개 조합이 충분하지 않을 수 있는 경우가 있으므로, 앱이 서로 UUID가 다른 여러 리전을 모니터링하는 드문 경우일 것이다. 또 다른 더 있음직한 사례는 앱에 여러 유스케이스가 있는 것인데, UUID에 의해 더 논리적으로 구분된다.

앱에 여러 유스케이스가 있는 사례는 앱이 소매 매장 근처 내에 있을 때 여러 다양한 소매업체를 위해 경품을 보유하는 로열티 앱일 것이다. 여기서는 모든 소매업체마다 다양한 UUID를 지닐 수 있다.

메이저

메이저 값은 더 나아가 유스케이스를 확인한다. 메이저 값은 논리적 카테고리를 따라 유스케이스를 구분해야 한다. 쇼핑몰의 섹션이나 박물관의 전시 공간일 수 있다. 우리 사례에서 메이저 값의 유스케이스는 백화점 내의 다양한 서비스 유형을 나타낸다.

어떤 경우는 논리적 카테고리를 메이저 값 하나 이상으로 구분하고 싶을 수 있다. 카테고리마다 65,535개 이상의 비콘이 있을 경우만 그럴 것이다.

마이너

마이너 값은 궁극적으로 비콘 자체를 확인한다. 메이저 값을 카테고리로 간주한다면, 마이너 값은 그 카테고리 내의 비콘이다.

유스케이스의 사례

이 장에서 든 사례는 다음 UUID/메이저/마이너 값으로 다양한 광고를 메이티에 브로드캐스트한다.

코너		식료품	여성복
UUID		8F0C1DDC-11E5-4A07-8910-425941B072F9	
메이저		1	2
마이너	1	일식당의 초밥 30 퍼센트 할인	모든 여성복의 50 퍼센트 할인
	2	투치스 피자의 원플러스원	N/A

코어로케이션의 이해

코어로케이션 프레임워크 자체로 기기와 연관된 로케이션이나 헤딩을 결정할 수 있다. 프레임워크는 2008년부터 있었고, iOS 2.0에 존재했다. iOS 7 발표까지 프레임워크는 GPS 코디네이트 기반으로 지오로케이션에만 사용됐기에, 실외 로케이션에만 적절했다.

프레임워크는 새 클래스 셋을 얻었고, 비콘 기반 로케이션 기능에 맞추기 위해 기존 클래스에 새 메소드가 추가됐다. 더 상세히 이 클래스 중 일부를 탐구해보자.

CLBeaconRegion 클래스

지오펜싱geofencing은 글로벌 측위 시스템GPS이나 라디오 주파 확인RFID을 이용해 지리적 경계를 정의하는 소프트웨어 프로그램의 기능이다. 지오펜스는 가상의 장벽이다.

CLBeaconRegion 클래스는 UUID가 확인하는 지오펜스 경계를 정의하며, 같은 UUID로 모든 물리적 비콘의 집단적 범위를 정의한다. CLBeaconRegion UUID에 맞는 기기가 범위에 들어오면, 리전은 적절한 알림의 전송을 트리거한다.

CLBeaconRegion은 CLRegion을 상속하는데, CLRegion은 CLCircularRegion의 수퍼클래스 역할도 한다. CLCircularRegion 클래스는 원형의 지리적 리전에 대해 로케이션과 경계도 정의한다. 이 클래스의 인스턴스로 특정 로케이션의 지오펜스를 정의하지만, CLBeaconRegion과 혼동하지 말아야 한다. CLCircularRegion 클래스는 같은 메소드 중 상당수를 공유하지만, 특히 기기의 GPS 코디네이트를 근거로 지리적 로케이션에 연관된다. 다음 그림은 CLRegion 클래스와 그 후속을 나타낸다.

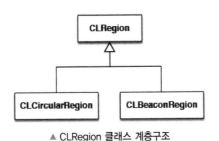

▲ CLRegion 클래스 계층구조

CLLocationManager 클래스

CLLocationManager 클래스는 로케이션, 헤딩 관련 이벤트의 애플리케이션 전송을 설정하기 위한 인터페이스를 정의한다. 이 클래스의 인스턴스로 로케이션, 헤딩 이벤트를 언제 전송해야 하는지 결정하는 파라미터를 확립하고, 그 이벤트의 실제 전송을 시작, 중단한다. 로케이션 매니저 오브젝트로 가장 최근의 로케이션, 헤딩 데이터를 추출할 수도 있다.

CLLocationManager 클래스의 생성

CLLocationManager 클래스로 비콘을 기반으로 지오로케이션, 프록시미티를 모두 추적한다. CLLocationManager 클래스로 비콘 리전 추적을 시작하기 위해, 다음과 같이 해야 한다.

1. CLLocationManager의 인스턴스를 생성한다.

2. CLLocationManagerDelegate 프로토콜에 맞는 오브젝트를 델리게이트 프로 퍼티에 할당한다.

3. 적절한 시작 메소드를 호출해 이벤트 전송을 시작한다.

모든 로케이션, 헤딩 관련 업데이트는 관련 델리게이트 오브젝트 전달되는데, 이는 제공 중인 커스텀 오브젝트다.

CLLocationManager 클래스의 행별 정의

다음 단계를 고려해 CLLocationManager 클래스를 행별로 정의한다.

1. CLLocationManager 이벤트에 관해 알림을 받아야 하는 모든 클래스는 일단 코어로케이션 프레임워크를 다음과 같이 (보통 헤더 파일에서) 임포트해야 한다.

   ```
   #import <CoreLocation/CoreLocation.h>
   ```

2. 이어서, 일단 프레임워크를 임포트한 후, 클래스는 다음 뷰 컨트롤러처럼 CLLocationManagerDelegate 프로토콜 구현으로 스스로를 선언해야 한다.

   ```
   @interface MyViewController :
     UIViewController<CLLocationManagerDelegate>
   ```

3. 이어서 CLLocationManager 인스턴스를 생성해, 다음과 같이 클래스를 CLLocationManager의 인스턴스 델리게이트로 설정해야 한다.

   ```
   CLLocationManager * locationManager =
     [[CLLocationManager alloc] init];
   locationManager.delegate = self;
   ```

4. 이어서 로케이션 매니저의 리전이 다음과 함께 작업해야 한다.

   ```
   // 리전 확인을 위한 유니크한 ID 생성
   NSUUID * regionId = [[NSUUID alloc]
     initWithUUIDString:@"
     AD32373E-9969-4889-9507-C89FCD44F94E"];
   ```

```
// 모니터링할 리전 생성
CLBeaconRegion * beaconRegion =
  [[CLBeaconRegion alloc] initWithProximityUUID:
  regionId identifier:@"My Region"];
```

5. 마지막으로 비콘 리전으로 적절한 시작 메소드를 호출해야 한다. 시작 메소드 마다 다양한 목적이 있으니, 간단히 설명할 것이다.

```
// 비콘 모니터링 및 범위 결정 시작
[locationManager startMonitoringForRegion:beaconRegion];
[locationManager startRangingBeaconsInRegion:beaconRegion];
```

6. 일단 클래스를 임포트한 후, CLLocationManagerDelegate 프로토콜의 메소드 를 구현해야 한다.

가장 중요한 델리게이트 메소드 중 일부를 간단히 설명한다. 메소드의 철 저한 목록은 아니지만, 이 장에서 사용할 중요한 메소드는 모두 포함한다. CLLocationManagerDelegate 메소드의 완벽한 목록은 애플 개발자 사이트에서 찾을 수 있다.

https://developer.apple.com/library/ios/documentation/corelocation/
reference/cllocationmanagerdelegate_protocol/index.html

locationManager:didEnterRegion

로케이션 매니저에게 찾도록 안내한 리전에 진입할 때마다(startRangingBeaconsIn Region을 호출해서), locationManager:didEnterRegion 델리게이트 메소드를 호 출한다. 이 메소드는 다음과 같이 특정 비콘 모니터링을 시작하는 등 리전으로 뭔 가를 할 기회를 준다.

```
-(void)locationManager:(CLLocationManager *)
  manager didEnterRegion:(CLRegion *)region {
    // 리전 진입 시 뭔가를 수행
}
```

locationManager:didExitRegion

마찬가지로 리전에서 진출할 때, `locationManager:didExitRegion` 델리게이트 메소드를 호출한다. 여기서 다음과 같이 특정 비콘 모니터링 중단 등을 할 수 있다.

```
-(void)locationManager:(CLLocationManager *)manager
  didExitRegion:(CLRegion *)region {
    // 리전 진출 시 뭔가를 수행
}
```

 기기에서 리전 모니터링 코드를 테스트할 때, 리전 경계를 지난 후 리전 이벤트가 즉시 발생하지 않을 수 있음을 알아둬야 한다. 가짜 알림을 방지하기 위해, iOS는 특정 기준선 조건을 충족하기까지 리전 알림을 전송하지 않는다. 구체적으로 사용자의 로케이션은 리전 경계를 넘어서 그 경계로부터 최소 거리로 이동하고 알림을 받기 전에 최소 20초 동안 그 최소 거리를 유지해야 한다.

locationManager:didRangeBeacons:inRegion

`locationManager:didRangeBeacons:inRegion` 메소드는 비콘 하나(혹은 수많은 비콘)가 기기에서의 거리를 바꿀 때마다 호출된다. 4장 비콘의 범위와 보물 찾기에서 비콘 범위를 더 다룰 것이다. 지금으로서는 이 어레이에서 나오는 비콘마다 프록시미티라는 속성이 있음만 알면 충분하며, 이 속성은 다음과 같이 `CLProximity` 열거형 값을 출력한다(`CLProximityUnknown`, `CLProximityFar`, `CLProximityNear`, `CLProximityImmediate`).

```
-(void)locationManager:(CLLocationManager *)manager
  didRangeBeacons:(NSArray *)beacons inRegion:
  (CLBeaconRegion *)region {
    // 비콘 어레이로 뭔가를 수행
}
```

locationManager:didChangeAuthorizationStatus

마지막으로 다룰 델리게이트 메소드가 하나 더 있다. 사용자의 로케이션 사용 승인을 허가, 거부할 때마다 `locationManager:didChangeAuthorizationStatus`가 호출된다. 이 메소드는 `CLAuthorizationStatus` 열거형 (`kCLAuthorizationStatus NotDetermined`, `kCLAuthorizationStatusRestricted`, `kCLAuthorizationStatusDenied`, `kC LAuthorizationStatusAuthorized`)으로 다음과 같이 넘어간다.

```
-(void)locationManager:(CLLocationManager *)manager
  didChangeAuthorizationStatus:(CLAuthorizationStatus)status {
    // 비콘 어레이로 뭔가를 수행
}
```

아이비콘 퍼미션의 이해

코어로케이션 프레임워크를 사용하는 앱이 본질적으로 로케이션 모니터링이므로, 사용자에게 퍼미션을 요청해야 함을 이해해야 한다. 주어진 애플리케이션의 승인 상태는 시스템이 관리하며, 여러 요인이 결정한다. 애플리케이션은 사용자 별로 로케이션 서비스 사용을 명시적으로 승인해야 하며, 현재 로케이션 서비스는 그 자체로 시스템에 활성화돼야 한다. 사용자 승인 요청은 애플리케이션이 먼저 로케이션 서비스 사용을 처음 시도할 때 자동으로 표시된다.

로케이션 요청은 미묘한 균형을 잡는 조치일 수 있다. 앱에서 한 시점에 퍼미션을 요청하면, 사용자가 상관없다 생각할 때 거부할 가능성이 더 높아질 것이다. 더 까다로운 사용자를 겁줘서 쫓아내지 않도록 로케이션 요청 전에 이유와 혜택을 사용자에게 말해주는 편이 더 의미있다.

그런 종류의 정보 뷰 구축은 이 책에서 다루지 않지만, 사용자가 퍼미션을 요청받는 방식을 예시하기 위해, 앱은 다음과 같은 경고를 표시해야 한다.

▲ 로케이션 퍼미션 요청

사용자가 허용하지 않음을 태핑할 경우, 삭제 후 재설치하지 않는 한, 앱을 통해 로케이션을 활성화할 수 없다. 거부한 후 로케이션을 허용하는 유일한 방법은 설정을 통해서뿐이다.

iOS 8의 로케이션 퍼미션

iOS 8.0 이래, 로케이션 퍼미션을 획득하는 데 추가 단계가 필요하다. iOS 8.0 의 로케이션 요청을 위해 이제는 NSLocationAlwaysUsageDescription 키로 앱의 plist에 친숙한 메시지를 제공해야 하고, CLLocationManager 클래스의 requestAlwaysAuthorization 메소드도 호출해야 한다.

NSLocationAlwaysUsageDescription 키는 사용자의 로케이션 정보에 앱이 접근 하는 이유를 설명한다. 앱이 포어그라운드나 백그라운드에서 구동 중인 동안 잠재 적으로 명백하지 않게 로케이션 서비스를 사용할 때 이 키를 포함시켜라.

다음 plist가 규정하는 대로 iOS 8 기준으로 로케이션 퍼미션 유형은 두 가지가 있다.

- `NSLocationWhenInUseUsageDescription`: 이 `plist` 키는 `CLLocationManager` 클래스의 `requestAlwaysAuthorization` 메소드로 로케이션 서비스 승인을 요청할 때 필요하다. 이 키가 존재하지 않는데, `requestAlwaysAuthorization` 메소드를 요청할 경우, 시스템은 요청을 무시하고, 앱이 로케이션 서비스 사용을 방해할 것이다.

- `NSLocationAlwaysUsageDescription`: 이 키는 `CLLocationManager` 클래스의 `requestWhenInUseAuthorization` 메소드로 로케이션 서비스의 승인을 요청할 때 필요하다. 이 키를 포함하지 않고 `requestWhenInUseAuthorization` 메소드를 호출할 때 키가 존재하지 않으면 시스템은 요청을 무시할 것이다.

아이비콘이 백그라운드에서 로케이션 서비스를 필요로 하기에, `CLLocationManager` 클래스의 `requestAlwaysAuthorization` 호출과 함께일 경우만 `NSLocationAlwaysUsageDescription` 키를 사용할 것이다.

거부 후 로케이션 활성화

사용자가 로케이션 서비스 활성화를 거부할 경우, iOS 7에서 서비스를 다시 활성화하기 위해 주어진 단계를 따를 수 있다.

1. iOS 기기 설정을 열어 **Privacy**를 태핑한다.
2. **Location Services** 섹션으로 간다.
3. 앱 이름 옆에 있는 스위치를 플릭해 앱에 로케이션 서비스를 켠다.

기기가 iOS 8을 구동할 때, 다음 단계를 따라야 한다.

1. iOS 기기 설정을 열어 **Privacy**를 태핑한다.
2. **Settings** 메뉴에서 앱으로 간다.
3. **Privacy**를 태핑한다.
4. **Location Services**를 태핑한다.
5. **Allow Location Access**을 **Always**로 설정한다.

튜토리얼 앱 구축

이 장에서 얻은 지식을 입증하기 위해, 상상 속의 백화점 메이티를 위해 앱을 구축할 것이다. 메이티는 앱인 Matey's offers로 아이비콘을 테스트한다. 앱이 있는 사람은 이전에 설명한 대로, 매장에서 특별한 경품을 받는다.

앱에 대해서는 두 컨트롤러를 포함해 단일 뷰의 애플리케이션을 시작할 것이다. 첫째는 디폴트 뷰 컨트롤러인데, CLLocationManagerDelegate 역할을 할 것이며, 둘째는 모드형으로 표시될 뷰 컨트롤러며, 프록시미티를 얻는 비콘에 관한 세부를 표시한다.

마지막 고려해야 할 점은 세션에서 한 번 각 경품을 표시할 것이며, 표시 중이지 않다면 경품 하나만 표시할 것이라는 사실이다. 그러면 시작해보자.

앱의 생성

엑스코드를 시작해 이전 장처럼 단일 뷰의 새 애플리케이션을 선택하며 시작하자. 새 프로젝트에 대해 다음 값을 선택한다.

- **제품 이름**: Matey's Offers
- **조직 이름**: Learning iBeacon
- **회사 식별자**: com.learning-iBeacon
- **클래스 구분지**: LI
- **기기**: iPhone

프로젝트는 이제 LIAppDelegate, LIViewController 클래스를 포함해야 한다. 이번에는 앱 델리게이트를 다루지 않을 테지만, CLLocationManager 코드 전부가 구동할 곳이기에, LIViewController 클래스에 코드를 추가해야 할 것이다. 그래도 지금으로서는 나중에 다시 돌아와 정리하자.

CLOfferViewController 추가

경품 뷰 컨트롤러는 접촉하게 된 비콘에 관한 경품을 표시하기 위한 모드형 뷰 컨트롤러로 사용될 것이다. 경품마다 서로 다른 배경색, 제목, 경품을 예시할 이미지와 함께 제시될 것이다.

반드시 이 장에 관한 코드를 다운로드해 그 안에 포함된 세 이미지를 파인더에서 이미지를 프로젝트 내비게이터로 드래그해 프로젝트에 추가해야 한다.

- ladiesclothing.jpg

- pizza.jpg

- sushi.jpg

다음으로 뷰 컨트롤러를 생성해야 한다. 새 파일을 추가해 반드시 iOS Cocoa Touch 메뉴에서 오브젝티브 C 클래스 템플릿을 선택해야 한다. 프롬프트가 뜨면, 이 클래스를 `LIOfferViewController`라 부르고, `UIViewController`의 서브클래스로 만든다.

퍼미션 설정의 로케이션 설정

로케이션 퍼미션을 요청할 때 대화상자가 다음과 같이 보이도록 애플리케이션에 퍼미션 메시지를 추가해야 한다.

1. 프로젝트 내비게이터에서 프로젝트 파일을 클릭해 프로젝트 설정을 표시한다.

2. Matey's Offers 타깃의 Info 탭을 클릭한다.

3. Custom iOS Target Properties 딕셔너리 아래에 그 값으로 `NSLocationAlways UsageDescription` 키를 추가한다. 이 앱은 놀라운 경품을 제공하기 위해 로케이션이 필요하다.

컨트롤 추가

경품 뷰 컨트롤러는 뷰가 제시하는 경품, 이미지 뷰, 레이블을 보여주기 위해 두 컨트롤이 필요하다. 다음 단계를 검토해 뷰 컨트롤러에 컨트롤을 추가한다.

1. LIOfferViewController.h 파일을 열어 다음 프로퍼티를 헤더에 추가한다.

```
@property (nonatomic, strong) UILabel * offerLabel;
@property (nonatomic, strong) UIImageView * offerImageView;
```

2. 이제 생성해야 한다. LIOfferViewController.m 파일을 열어 먼저 컨트롤을 신디사이즈하자. 다음 코드만 @implementation LIOfferViewControllerline 아래에 추가하면 된다.

```
@synthesize offerLabel;
@synthesize offerImageView;
```

3. 컨트롤을 선언했다. 이제 실제 생성해야 한다. viewDidLoad 메소드 안에 레이블, 이미지 뷰를 생성해야 한다. 컨트롤에 실제 값이나 이미지를 설정할 필요는 없다. 비콘을 만날 때 LIViewController가 할 것이다.

4. [super viewDidLoad] 호출 아래 다음 코드를 추가해 레이블을 생성한다. 300 포인트 위드에 좌상단으로부터 10포인트 떨어져 표시되는 레이블을 인스턴스화할 것이다.

```
UILabel * label = [[UILabel alloc]
    initWithFrame:CGRectMake(10, 10, 300, 100)];
```

5. 이제 레이블에 스타일을 매길 프로퍼티를 설정해야 한다. 레이블이 센터 정렬에 흰색으로 볼드 텍스트이기를 바란다. 너무 넓어서 300포인트 위드에 맞추지 못할 때 오토랩핑되기도 바란다. 다음 코드를 추가한다.

```
label setTextAlignment:NSTextAlignmentCenter];
[label setTextColor:[UIColor whiteColor]];
[label setFont:[UIFont boldSystemFontOfSize:22.f]];
label.numberOfLines = 0; // 레이블의 오토 랩핑 허용
```

6. 이제 뷰에 새 레이블을 추가해 프로퍼티에 할당해야 한다.

```
[self.view addSubview:label];
self.offerLabel = label;
```

7. 다음으로 이미지를 생성해야 한다. 이미지는 멋진 보더가 필요하다. 그러기 위해 QuartzCore 프레임워크를 추가해야 한다. 이전 장의 코어로케이션처럼 QuartzCore 프레임워크를 추가해야 하는데, 말하고 보니 코어로케이션이 필요하다. 그러니 그것도 추가한다.

8. 다 된 후 #import <QuartzCore/QuartzCore.h>를 LIOfferViewController.m 파일 상단에 추가한다. 이제 다음 코드를 추가해 이미지 뷰를 인스턴스화하고 뷰에 추가한다.

```
UIImageView * imageView = [[UIImageView alloc]
    initWithFrame:CGRectMake(10, 120, 300, 300)];
[imageView.layer setBorderColor:[[UIColor
    whiteColor] CGColor]];
[imageView.layer setBorderWidth:2.f];
imageView.contentMode = UIViewContentModeScaleToFill;
[self.view addSubview:imageView];
self.offerImageView = imageView;
```

루트 뷰 컨트롤러 설정

이제 LIViewController로 넘어가 비콘을 찾기 시작한다. LIViewController에게 LIOfferViewController가 존재하며, 뷰 컨트롤러가 로케이션 매니저 델리게이트 역할을 해야 한다 말하며 시작할 것이다. 다음 단계를 고려해야 한다.

1. LIViewController.h를 열어 파일 상단에 임포트를 추가한다.

```
#import <CoreLocation/CoreLocation.h>
#import "LIOfferViewController.h"
```

2. 이제 CLLocationManagerDelegate 프로토콜을 선언에 추가한다.

```
@interface LIViewController :
    UIViewController<CLLocationManagerDelegate>
```

3. LIViewController는 그 롤 관리를 위해 세 요소도 필요하다.

  ○ 한 번에 한 경품을 표시함을 알기 위한 디스플레이에 현재 경품의 참조

  ○ 비콘 모니터링을 위한 CLLocationManager 인스턴스

  ○ 경품마다 한 번만 보여주기 위한 조회한 경품 목록

4. 이 세 요소를 CLViewController.m 파일 내 인스턴스에 추가하자(프라이빗 인스턴스기에). LIViewController 인터페이스가 다음과 같이 보이게 바꾼다.

```
@interface LIViewController ()
    @property (nonatomic, strong) CLLocationManager *
      locationManager;
    @property (nonatomic, strong) NSMutableDictionary *
      offersSeen;
    @property (nonatomic, strong) LIOfferViewController *
      currentOffer;
@end
```

로케이션 매니저 설정

로케이션 매니저는 루트 뷰 컨트롤러를 처음 생성할 때, 그리고 앱이 활성화될 때도 설정해야 한다. 그러므로 이 로직을 메소드로 집어넣어야 의미가 통한다. 리셋 비콘 메소드는 다음과 같은 일을 해야 한다.

● 조회한 경품 목록 삭제

● 사용자 로케이션의 퍼미션 요청

● 리전 생성과 LIViewController 인스턴스의 델리게이트 설정

● 비콘 리전 생성과 CLLocationManager에게 비콘 범위 탐색을 시작하도록 알림

이를 위해 이제 코드를 추가하자.

```
- (void) resetBeacons {
  // 로케이션 매니저 초기화
  self.locationManager = [[CLLocationManager alloc] init];
  self.locationManager.delegate = self;
```

```
// 퍼미션 요청
[self.locationManager requestAlwaysAuthorization];

// 표시된 경품 제거
self.offersSeen = [[NSMutableDictionary alloc]
  initWithCapacity:3];

// 리전 생성
NSUUID * regionId = [[NSUUID alloc] initWithUUIDString:
  @"8F0C1DDC-11E5-4A07-8910-425941B072F9"];

CLBeaconRegion * beaconRegion = [[CLBeaconRegion alloc]
  initWithProximityUUID:regionId identifier:@"Mateys"];

// 비콘 모니터링 및 범위 결정 시작
[self.locationManager stopRangingBeaconsInRegion:beaconRegion];
[self.locationManager startMonitoringForRegion:beaconRegion];
[self.locationManager startRangingBeaconsInRegion:beaconRegion];
}
```

이제 리셋 비콘에 호출 두 개를 추가해 앱이 처음 시작할 때와 이후 앱이 활성화될 때마다 리셋되도록 보장한다.

viewDidLoad 메소드를 바꾸고 applicationDid BecomeActive 메소드를 추가해 이제 이 코드를 추가하자.

```
-(void)viewDidLoad {
  [super viewDidLoad];
  [self resetBeacons];
}

- (void)applicationDidBecomeActive:(UIApplication *)application
{
  [self resetBeacons];
}
```

CLLocationManagerDelegate의 연결

이제 비콘이 근처에 들어올 때 경품 뷰를 CLViewController가 표시할 수 있도록, CLLocationManagerDelegate 프로토콜의 델리게이트 메소드를 연결해야 한다.

일단 해야 할 일은 앱이 기기 로케이션을 사용하도록 승인받았는지 여부를 보여주기 위해 뷰의 배경색을 설정하는 것이다. 승인이 아직 결정되지 않았다면, 오렌지를 사용할 것이다. 앱이 승인됐다면, 녹색을 사용할 것이다. 마지막으로 앱이 거부당했다면, 적색을 사용할 것이다.

locationManager:didChangeAuthorizationStatus 델리게이트 메소드로 이 일을 할 것이다.

이제 코드를 추가하자.

```
-(void)locationManager:(CLLocationManager *)manager
  didChangeAuthorizationStatus:(CLAuthorizationStatus)
  status {
    switch (status) {
        case kCLAuthorizationStatusNotDetermined:
        {
          // 멋진 오렌지색 배경 설정
          [self.view setBackgroundColor:[UIColor
            colorWithRed:255.f/255.f green:147.f/255.f
            blue:61.f/255.f alpha:1.f]];
          break;
        }
        case kCLAuthorizationStatusAuthorized:
        {
          // 멋진 녹색 배경 설정
          [self.view setBackgroundColor:[UIColor
            colorWithRed:99.f/255.f green:185.f/255.f
            blue:89.f/255.f alpha:1.f]];
          break;
        }
        default:
        {
          // 어두운 적색 배경 설정
```

```
      [self.view setBackgroundColor:[UIColor
        colorWithRed:188.f/255.f green:88.f/255.f
        blue:88.f/255.f alpha:1.f]];
      break;
    }
  }
}
```

다음 해야 할 일은 리전 내에 있을 때(앱이 처음 시작할 때를 제외하면) 비콘 범위 찾기를 중단, 시작해 배터리 수명을 절약하는 것이다. startRangingBeaconsInRegion 메소드와 함께 locationManager:didEnterRegion 델리게이트 메소드를 호출하고, locationManager:didExitRegion 델리게이트 메소드 내에서 stopRangingBeaconsInRegion 메소드를 호출해 이 일을 한다.

방금 설명한 일을 하기 위해 다음 코드를 추가한다.

```
-(void)locationManager:(CLLocationManager *)manager
  didEnterRegion:(CLRegion *)region {
    [self.locationManager
      startRangingBeaconsInRegion:(CLBeaconRegion*)region];

}
-(void)locationManager:(CLLocationManager *)manager
  didExitRegion:(CLRegion *)region {
    [self.locationManager
      stopRangingBeaconsInRegion:(CLBeaconRegion*)region];
}
```

광고 표시

실제 광고 표시를 위해, locationManager:didRangeBeacons:inRegion 델리게이트 메소드를 LIViewController에 추가해 비콘이 범위에 들 때 포착해야 한다. 이 메소드는 리전에서 이미 발견한 비콘으로부터의 거리가 변할 때마다, 혹은 새 비콘을 리전에 대해 발견할 때 호출될 것이다.

구현이 꽤 길기에, 적으면서 메소드의 일부마다 설명할 것이다.

다음과 같이 메소드 구현을 생성하며 시작한다.

```
-(void)locationManager:(CLLocationManager *)manager
  didRangeBeacons:(NSArray *)beacons inRegion:
  (CLBeaconRegion *)region {
}
```

전에 본 적 없고, 표시 중인 현재 경품이 없는 경우만 비콘과 관련된 경품을 표시 하고 싶다. currentOffer 프로퍼티를 확인해 이 일을 한다. 프로퍼티가 없지 않다 면, 경품이 이미 표시 중이니, 메소드로부터 받아야 한다는 의미다.

locationManager:didRangeBeacons:inRegion 메소드는 로케이션 매니저로부 터 호출을 받고, 리전 인스턴스와 현재 범위 내의 비콘 어레이로 넘어간다. 한 세 션에 한 번만 광고를 보고 싶으니, 비콘마다 루프를 돌아 전에 본 적이 있는지 결 정해야 한다.

비콘들을 통해 반복할 for 루프를 추가하고, 이미 표시 중인 경품이 있는지 보기 위해 비콘 루핑에서 초기 확인을 하자.

```
for (CLBeacon * beacon in beacons) {
  if (self.currentOffer) return;
}
```

우리의 offersSeen 프로퍼티는 모든 비콘(과 결과적으로 경품)을 포함하며 이미 본 적 있는 NSMutableDictionary다. 핵심은 포맷 {major|minor} 내의 비콘 메이저, 마이너 값으로 구성된다.

메이저, 마이너 값으로 문자열을 생성해, 다음 코드를 루프에 추가해서 이 문자열 이 offersSeen 프로퍼티 내에 존재하는지 확인하자.

```
NSString * majorMinorValue = [NSString stringWithFormat:
  @"%@|%@", beacon.major, beacon.minor];
if ([self.offersSeen objectForKey:majorMinorValue]) continue;
```

offersSeen에 키가 포함되면, 루핑을 계속할 것이다.

경품이 아직 보이지 않으면, 경품을 제시하기 전에 보이는 경품에 추가해야 한다.

딕셔너리에 보이는 경품에 키를 추가한 후, LIOfferViewController 인스턴스를
준비하며 시작하자.

```
[self.offersSeen setObject:[NSNumber numberWithBool:YES]
  forKey:majorMinorValue];
LIOfferViewController * offerVc = [[LIOfferViewController alloc]
  init];
offerVc.modalPresentationStyle = UIModalPresentationFullScreen;
```

이제 경품 뷰 컨트롤러를 설정하기 위해 변수를 준비할 것이다. 의류 경품이 붉은
배경색으로 표시되는 동안 파란 배경색으로 식품 경품을 표시한다. 비콘의 메이저
값으로 색상을 판단한 후 마이너 값을 근거로 이미지와 레이블을 찾는다.

```
UIColor * backgroundColor;
NSString * labelValue;
UIImage * productImage;

// 메이저 값 1은 식품이고 2는 의류
if ([beacon.major intValue] == 1) {

  // 파란색은 음식을 뜻함
  backgroundColor = [UIColor colorWithRed:89.f/255.f
    green:159.f/255.f blue:208.f/255.f alpha:1.f];

  if ([beacon.minor intValue] == 1) {
    labelValue = @"30% off sushi at the Japanese Kitchen.";
    productImage = [UIImage imageNamed:@"sushi.jpg"];
  }

  else {
    labelValue = @"Buy one get one free at
      Tucci's Pizza.";
    productImage = [UIImage imageNamed:@"pizza.jpg"];
  }
}
else {
  // 빨강은 의류를 뜻함
  backgroundColor = [UIColor colorWithRed:188.f/255.f
```

```
    green:88.f/255.f blue:88.f/255.f alpha:1.f];
  labelValue = @"50% off all ladies clothing.";
  productImage = [UIImage imageNamed:@"ladiesclothing.jpg"];
}
```

마지막으로 뷰 컨트롤러에 이 값들을 설정해, 모드형으로 제시해야 한다. 한 번에 한 색 이상을 표시하지 않도록 currentOffer 프로퍼티를 뷰 컨트롤러가 되도록 설정해야 한다.

```
[offerVc.view setBackgroundColor:backgroundColor];
[offerVc.offerLabel setText:labelValue];
[offerVc.offerImageView setImage:productImage];
[self presentViewController:offerVc animated:YES
  completion:nil];
self.currentOffer = offerVc;
```

경품의 철회

LIOfferViewController가 모드형 뷰기에, 철회 버튼이 필요할 것이다. 하지만 루트 뷰 컨트롤러(LIViewController)에 알려줄 방법도 필요하다. 다음 단계를 고려한다.

1. LIViewController.h 인터페이스에 다음 코드를 추가해 퍼블릭 메소드를 선언한다.

   ```
   -(void)offerDismissed;
   ```

2. 이제 LIViewController.h에 구현을 추가한다. 실제 철회는 경품 뷰 컨트롤러가 처리하기에, 이 메소드는 단지 currentOffer 프로퍼티만 삭제한다.

   ```
   -(void)offerDismissed {
     self.currentOffer = nil;
   }
   ```

3. 이제 LIOfferViewController로 넘어가자. 다음 코드를 LIOfferViewController의 viewDidLoad 메소드 끝에 추가해 철회 버튼을 생성한다.

```
UIButton * dismissButton = [[UIButton alloc]
  initWithFrame:CGRectMake(60.f, 440.f, 200.f, 44.f)];
[self.view addSubview:dismissButton];
[dismissButton setTitle:@"Dismiss"
  forState:UIControlStateNormal];
[dismissButton setTitleColor:[UIColor whiteColor]
  forState:UIControlStateNormal];
[dismissButton addTarget:self
  action:@selector(dismissTapped:)
  forControlEvents:UIControlEventTouchUpInside];
```

보시다시피, 터치 업 이벤트는 @selector(dismissTapped:)를 호출하는데, 아직 존재하지 않는다. 앱 델리게이트를 통해(LIAppDelegate의 인스턴스) LIViewController를 조작할 수 있다. 이를 사용하기 위해, LIViewController와 함께 임포트해야 한다.

4. 다음 임포트를 LIOfferViewController.m의 상단에 추가한다.

```
#import "LIViewController.h"
#import "LIAppDelegate.h"
```

5. 마지막으로 dismissTapped 메소드를 추가해 튜토리얼을 완료하자.

```
-(void)dismissTapped:(UIButton*)sender {
    [self dismissViewControllerAnimated:YES completion:^{
      LIAppDelegate * delegate =
        (LIAppDelegate*)[UIApplication
        sharedApplication].delegate;
      LIViewController * rootVc =
        (LIViewController*)delegate.
        window.rootViewController;
      [rootVc offerDismissed];
    }];
}
```

이제 앱을 구동하자. Understanding iBeacon permission 섹션에서 Requesting location permission 그림에 보이는 대로 로케이션 퍼미션 요청을 제시받아야 한다. OK를 태핑한 후 컴패니언 앱을 구동한다. 비콘을 켜고 꺼서 2장의 비콘 설정을 조작한다. 다음 그림 같은 것이 보여야 한다.

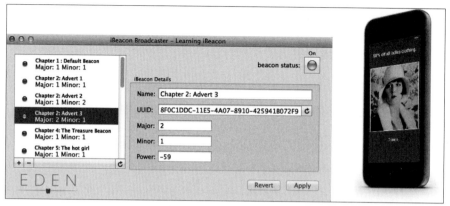

▲ 컴패니언 OS X 앱과 작동하는 앱

앱이 한 번에 한 경품만 표시해야 하며, 비콘은 세션 당 한 번만 경품마다 표시해야 함을 기억해야 한다.

정리

사실 비콘들 간을 구별하는 실제 첫 아이비콘 기반의 앱을 잘 완료했다. 이 장은 UUID, 메이저, 마이너 값의 실제 활용을 다뤘다. CLLocationManager 클래스와 그 주요 델리게이트 메소드 등 코어로케이션 프레임워크도 소개받았다. CLRegion 클래스를 소개했고, CLLocationManager를 사용할 때 필요한 퍼미션을 논했다.

마지막으로 메이티 매장의 경품과 함께 통합했다.

다음 장은 iOS 기기를 아이비콘 트랜스미터로 사용해 경품을 브로드캐스트할 것이다.

3

광고의 브로드캐스트와
경품 전송

이전 장에서는 컴패니언 비콘 앱을 이용해, 비콘 범위에 진입할 때 대응법을 배웠다. 메이티의 경품 앱을 구축해 상점 주변에서 경품을 표시했다. 이 장은 다른 측면을 관찰해 실제 iOS 기기로 경품을 전송하며 메이티가 될 것이다.

코어블루투스 프레임워크의 소개

브로드캐스트를 가능하게 하는 새 프레임워크인 코어블루투스로 시작하자. 이 장은 코어로케이션 프레임워크를 여전히 사용하지만, 트랜스미터의 설정을 위해서만이다. 이 장은 비콘 뒤에 숨은 기술에 관한 내용이 전부다.

코어블루투스 프레임워크는 iOS, 맥 앱에 필요한 클래스를 제공해 블루투스 로우 에너지 무선 기술과 소통한다.

코어블루투스는 iOS 6.0 이래 사용 가능했고, 센트럴, 페리페럴 구현 목적만이 의도다.

센트럴과 페리페럴의 이해

비콘으로 브로드캐스트하는 법을 이해하기 전에, 센트럴, 페리페럴을 이해해야 한다. 페리페럴을 데이터를 가지는 기기로, 센트럴을 데이터를 원하는 기기로 생각하면, 개념이 훨씬 이해하기 쉬워진다.

페리페럴은 온도계, 심전도 측정기, 혈압 측정기, 프록시미티 센서, 램프, 조명, LED 전구 등이다. 데이터를 수집하거나 명령문을 받는 기기며, 아이비콘 등 데이터를 광고한다.

센트럴은 이 데이터를 기반으로 대조하고 동작하는 아이폰, 아이패드, 홈 오토메이션 서버 등이다.

다음 그림을 생각해보자. 문제의 페리페럴이 온도계라면, 그 프레전스와 온도를 함께 브로드캐스트할 것이다. 블루투스 로우 에너지(블루투스 LE)를 통해 사용 가능한 설정 옵션이 있지 않는 한, 정말 데이터를 받을 필요는 없을 것이다.

이제 비콘이 다색의 LED 조명일 수 있다 생각해보자. 페리페럴은 여기서 두 역할이 있다. 현 색상을 브로드캐스트하고, 아이폰 앱을 이용해 무드에 따라 방의 색상을 설정할 수 있도록 센트럴이 명령문을 전송해 되보낼 수 있게 한다.

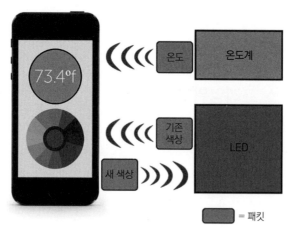

▲ 페리페럴 브로드캐스트

코어블루투스 프레임워크, 센트럴, 페리페럴

코어블루투스 프레임워크는 센트럴, 페리페럴 요건의 추상적 구현을 제공한다. 약간 더 상세히 클래스마다 관찰하자.

CBCentral 클래스

CBCentral 클래스는 CBPeripheralManager 클래스로 페리페럴 역할을 구현하면서도 현재 연결된 BLE 구현에서 센트럴을 나타낸다. 센트럴은 앱이 페리페럴 역할을 수행하는데 새 값으로 센트럴을 업데이트하고 싶을 때, 현재 연결된 클래스를 나타낸다.

CBPeripheral 클래스

CBPeripheral 클래스는 광고를 하는 동안 앱이 발견했고, 연결할 수 있는(혹은 이미 연결된) 원격의 페리페럴을 나타낸다.

CBPeripheral 클래스는 앱에게 CBCentralManager 클래스로 발견하는 페리페럴과 상호작용을 나누게 해준다. CBPeripheral 클래스는 쿼리하고, 특성, 서비스를 발견하며, 페리페럴과의 연결을 모니터링하게 해준다.

CBPeripheralManager 클래스

CBPeripheralManager 클래스의 인스턴스로 기기의 성능에 따라 페리페럴 데이터를 관리, 퍼블리싱한다. 가장 단순히 말하면 BLE 페리페럴로서 브로드캐스트하게 해준다(다른 일도 하지만). 아마 추측할 수 있겠지만 이 장에서 가장 관심 있는 클래스일 것이다.

 또한 CLBeaconRegion 인스턴스로 값의 딕셔너리를 비교해 이 클래스와 함께 아이비콘으로 브로드캐스트할 것이다.

CBPeripheralManagerDelegate 프로토콜은 페리페럴 매니저를 우리에게 유용하게 만들 때 필요하며, 기억해둬야 할 가장 중요한 것은 기기에 BLE 기능이 없거나 블루투스 어댑터에 전력이 아직 들어오지 않을 경우 CBPeripheralManager가 사실 아무 일도 할 수 없다는 점이다. 블루투스 어댑터의 상태를 결정하기 위해, peripheralManagerDidUpdateState: 프로토콜 메소드를 사용해야 하는데, 튜토리얼에서 다룰 것이다.

CBPeripheralManager 클래스는 startAdvertising 메소드로 비콘 역할을 하는데, 브로드캐스트에는 값의 딕셔너리가 필요하다. CLBeaconRegion으로부터 이 딕셔너리를 받는다.

CLBeaconRegion으로부터 브로드캐스트 값 받아오기

CBPeripheralManage 클래스의 startAdvertising 메소드를 사용하기 위해 무엇을 브로드캐스트하는지 알아야 한다. CLBeaconRegion의 peripheralDataWithMeasuredPower 메소드를 호출해 이 일을 한다. 결과적인 NSMutableDictionary 클래스는 CBPeripheralManage 클래스의 startAdvertising 메소드와 함께 쓸 수 있다.

측정된 전력(TXPower)

1장으로 돌아가면, 거리를 더 잘 이해할 수 있도록 전송의 전력을 조정하기 위해 RSSI와 측정된 전력을 논했다. -63dBm의 측정된 값으로 튜토리얼 동안 이 원칙을 시도할 것인데, 1미터 거리로 정확한 RSSI 값을 줘야 한다. 하드웨어에 종속됐기에 완벽히 정확하지는 않을 수 있지만, 꽤 근접해야 한다.

착수

앱을 구축하기 위해, 두 기기가 필요하다. 한 기기는 2장 비콘의 감지와 광고 표시의 튜토리얼을 리시버로 구동해야 하며, 둘째 기기는 전송 앱을 구축하기 위해 사용할 기기다.

스토리보드로 보편적인 앱을 구축할 것인데, 2장 비콘의 감지와 광고 표시의 경품을 각각 브로드캐스트할 것이다. CBPeripheralManager 오브젝트로 값을 브로드캐스트할 것이며, 프로젝트는 단일 뷰의 애플리케이션일 것이다.

보편적인 단일 뷰 애플리케이션을 생성하며 시작하자.

엑스코드를 열어 새 프로젝트를 생성한다. 프롬프트가 뜨면 iOS > Application 메뉴에서 Single View Application을 선택한다.

프로젝트의 옵션을 선택할 때, 다음과 같이 세부 정보를 입력한다.

프로젝트를 어디 저장하고 싶은지 선택한다. 이제 LIAppDelegate, LIViewController, Main_iPhone.storyboard, Main_iPad.storyboard가 있어야 한다.

스토리보드와 LIViewController로만 작업할 것이다. Download 폴더의 어떤 이미지로도 꾸미고 싶다면, 마음대로 해도 좋다.

프레임워크 추가

이 프로젝트에서 코어블루투스와 코어로케이션을 사용할 것이다. 프로젝트 내 비게이터에서 General 탭 아래 프로젝트를 클릭하고(⌘1) Linked Frameworks and Libraries 아래 + 버튼을 클릭한다. CoreLocation, CoreBluetooth 프레임워크를 추가한다.

컨트롤의 설정

이제 뷰 컨트롤을 설정해 사용자가 브로드캐스팅 이벤트를 변경할 수 있게 해야 한다. LIViewController.h로 넘어가, 다음을 제시할 것이다.

- CBPeripheralManager 상태에 맥락을 추가하기 위한 레이블
- 2장 비콘의 감지와 광고 표시에서의 초밥 경품을 보내기 위한 스위치
- 피자 경품을 위한 또 다른 스위치
- 여성복 경품을 위한 마지막 스위치

이 프로퍼티들을 설정하며 시작하자. 스토리보드를 사용하기에, 이 프로퍼티가 IBOutlet이어야 함을 기억하라. 헤더 파일에 다음 코드를 추가한다.

```
@property (nonatomic, weak) IBOutlet UILabel * offerLabel;
@property (nonatomic, weak) IBOutlet UISwitch * sushiSwitch;
@property (nonatomic, weak) IBOutlet UISwitch * pizzaSwitch;
@property (nonatomic, weak) IBOutlet UISwitch * clothingSwitch;
```

스위치가 상태를 바꿀 때 액션도 정의해야 한다. 그것도 추가하자.

```
- (IBAction)offerSwitchValueChanged:(id)sender;
```

뷰의 생성

Main_iPhone.storyboard를 열어 뷰를 생성한다. 프로젝트를 생성할 때 옵션에서 싱글뷰 애플리케이션을 선택했기에, 엑스코드는 이미 뷰를 LIViewController에 연결했어야 한다. 다음 단계를 검토해 뷰를 생성한다.

1. 뷰에 세 스위치와 그 스위치의 세 레이블을 드래그한다. 그 레이블의 텍스트를 설정해 스위치가 무엇을 하는지 나타낸다. 애트리뷰트 셀렉터 내의 스위치를 비활성화했는지 확인한다. `BLPeripheralManager`가 사용 가능할 때 코드 내 스위치를 활성화할 것이다. 레이블은 다음과 같이 텍스트로 스위치를 나타낼 수 있다.

   ○ 초밥 30% 할인

   ○ 피자 원 플러스 원

   ○ 여성복 50% 할인

2. `BLPeripheralManager` 상태를 나타내기 위해 뷰 하단에 `UILabel`을 추가한다. 예술적인 기분이 든다면, 이미지도 추가할 수 있다. 이 장의 코드 번들에서 사용 가능한 메이티의 로고를 생성했다면, 뷰는 이제 다음 스크린샷과 같아야 한다.

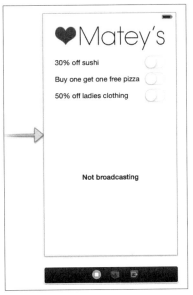

▲ 스토리보드 뷰

계속해서 Main_iPad.storyboard도 마찬가지로 한다.

스토리보드의 연결

다음으로 뷰 컨트롤러에 스토리보드 컨트롤을 연결해야 한다. 어시스턴트 에디터로 할 수 있는데, Alt + Command + Enter를 누르면 나타난다. 다음 단계를 따라 스토리보드를 연결한다.

1. 어시스턴트 에디터를 이용해 스토리보드가 좌측 패널에 열리고, 우측 패널에 LIViewController.h가 열리도록 한다. 다음 그림과 같이 Ctrl 키를 누르면서, 좌측 패널에서 바인딩하고 싶은 스위치를 클릭해 우측 패널의 프로퍼티로 드래그한다.

2. 세 스위치 모두와 경품 레이블도 그렇게 한다.

3. 마지막으로 세 스위치 모두의 액션을 `IBAction offerSwitchValueChanged`에 바인딩한다.

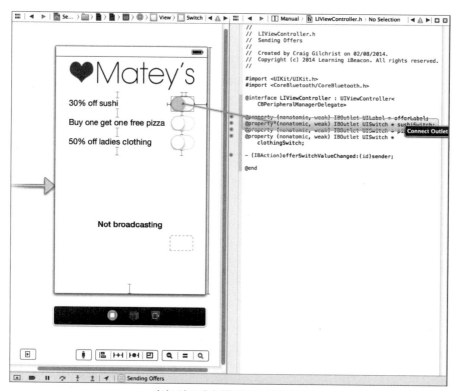

▲ 어시스턴트 에디터를 이용한 뷰의 바인딩

뷰 컨트롤러의 설정

이제 사용자 인터페이스 전체를 연결했으니, 뷰 컨트롤러를 설정할 때다. CoreBluetooth, CoreLocation 라이브러리 임포트를 LIViewController.h 파일에 추가하며 시작하자.

뷰 컨트롤러 CBPeripheralManagerDelegate도 만들어야 한다. LIViewController.h 파일에 다음 코드를 추가한다.

```
#import <CoreBluetooth/CoreBluetooth.h>
#import <CoreLocation/CoreLocation.h>

@interface LIViewController :
  UIViewController<CBPeripheralManagerDelegate>
```

이제 LIViewController.m 파일로 넘어간다. 리전에 고유의 ID를 추가할 것이다. 바로 상단에서 내부 인터페이스 선언 전에 스태틱으로 추가한다.

```
static NSString * uuid = @"8F0C1DDC-11E5-4A07-8910-425941B072F9";
```

페리페럴 매니저, 페리페럴 브로드캐스트 딕셔너리의 추적을 위해 프라이빗 프로퍼티도 필요할 것이다. 자체적인 임플멘테이션으로 프라이빗 인터페이스를 오버라이트하자.

```
@interface LIViewController ()
@property (nonatomic, strong) CBPeripheralManager *
  peripheralManager;
@property (nonatomic, strong) NSDictionary * sushiPeripheralData;
@property (nonatomic, strong) NSDictionary * pizzaPeripheralData;
@property (nonatomic, strong) NSDictionary *
  clothingPeripheralData;
@end
```

페리페럴 데이터를 생성하기 위해 새 리전도 필요할 것이다. 사실 딕셔너리마다 하나가 필요할 것이다. 다음과 같이 ViewDidLoad 메소드에서 설정하자.

```
// uuid 준비
NSUUID * uid = [[NSUUID alloc] initWithUUIDString:uuid];
CLBeaconRegion * sushiRegion = [[CLBeaconRegion alloc]
  initWithProximityUUID:uid major:1 minor:1 identifier:
  @"Matey's Sushi"];
CLBeaconRegion * pizzaRegion = [[CLBeaconRegion alloc]
  initWithProximityUUID:uid major:1 minor:2 identifier:
  @"Matey's Pizza"];
CLBeaconRegion * clothingRegion = [[CLBeaconRegion alloc]
  initWithProximityUUID:uid major:2 minor:1 identifier:
  @"Matey's Clothing"];
```

이제 리전이 생겼으니, 이를 이용해 페리페럴 데이터를 설정하자. 그러기 위해 다음과 같이 측정된 전력 값이 필요함을 기억해야 한다.

```
NSNumber * power = [NSNumber numberWithInt:-63];
// 비콘 리전으로 페리페럴 데이터 생성
self.sushiPeripheralData = [[sushiRegion
  peripheralDataWithMeasuredPower:power] copy];
self.pizzaPeripheralData = [[pizzaRegion
  peripheralDataWithMeasuredPower:power] copy];
self.clothingPeripheralData = [[clothingRegion
  peripheralDataWithMeasuredPower:power] copy];
```

마지막으로 페리페럴 매니저를 인스턴스화해야 한다. 그러기 위해 브로드캐스팅의 디스패치 큐가 필요하고, 뷰 컨트롤러로 델리게이트를 다음과 같이 설정해야 한다.

```
dispatch_queue_t queue =
  dispatch_get_global_queue(DISPATCH_QUEUE_PRIORITY_DEFAULT, 0);
self.peripheralManager = [[CBPeripheralManager alloc]
  initWithDelegate:self queue:queue];
```

페리페럴 매니저가 사용 가능할 때 스위치를 활성화할 수 있도록 델리게이트 메소드 peripheralManagerDidUpdateState를 연결해야 한다. 이제 이 코드를 추가하자.

```
-(void)peripheralManagerDidUpdateState:(CBPeripheralManager
  *)peripheral {
    if (peripheral.state == CBPeripheralManagerStatePoweredOn) {
        // 버튼 활성화
        [self.pizzaSwitch setEnabled:YES];
        [self.sushiSwitch setEnabled:YES];
        [self.clothingSwitch setEnabled:YES];
    }
    else {
        [self.offerLabel setText:@"Bluetooth not enabled"];
    }
}
```

스위치 로직 추가

마지막 할 일은 스위치를 켤 때 광고를 시작하는 것이다. 모든 스위치가
offerSwitchValueChanged 메소드를 활용하기에, 구현해야 한다.

```
- (IBAction)offerSwitchValueChanged:(id)sender {
}
```

앱에서 한 번에 한 항목만 브로드캐스트해야 하기에, 이 메소드에서 처음 할 일은
이미 광고 중인 경우 중단하는 것이다. 메소드에 호출을 추가해 페리페럴 매니저
가 브로드캐스트를 중단하게 한다.

```
[self.peripheralManager stopAdvertising];
```

어떤 스위치가 셀렉터를 호출했는지 이해해, 나머지 스위치를 꺼야 한다. 어떤 광고
데이터를 전송할지, 어떤 상태 메시지를 표시할지도 알아야 한다. 이제 이 코드를
추가한다.

```
// 센더를 스위치에 캐스팅
UISwitch * senderSwitch = (UISwitch*)sender;

NSDictionary * advertData;
NSString * advertString;
```

```
if (senderSwitch == self.sushiSwitch) {
  [self.pizzaSwitch setOn:NO animated:YES];
  [self.clothingSwitch setOn:NO animated:YES];
  advertData = self.sushiPeripheralData;
  advertString = @"Offering 30% off sushi";
}

if (senderSwitch == self.pizzaSwitch) {
  [self.sushiSwitch setOn:NO animated:YES];
  [self.clothingSwitch setOn:NO animated:YES];
  advertData = self.pizzaPeripheralData;
  advertString = @"Offering Buy one get one free on all
    pizza";
}

if (senderSwitch == self.clothingSwitch) {
  [self.pizzaSwitch setOn:NO animated:YES];
  [self.sushiSwitch setOn:NO animated:YES];
  advertData = self.clothingPeripheralData;
  advertString = @"Offering 50% off ladies clothing";
}
```

마지막으로 데이터의 광고를 시작할지 말지 파악하기 위해, 스위치가 켜졌는지 꺼졌는지 알아야 한다. 이렇게 하자.

```
if (senderSwitch.isOn) {
  [self.peripheralManager startAdvertising:advertData];
  [self.offerLabel setText:advertString];
}
else {
  [self.offerLabel setText:@"Not Broadcasting"];
}
```

이제 됐다! 2장의 앱을 구동하고, 다른 기기에서 이 장에서 생성한 앱을 구동한다. 광고가 나타나는지 보기 위해 스위치마다 교대로 켜고, 브로드캐스팅 기기에서 다음 스위치를 켜기 전에 광고를 철회한다.

정리

너무 짧은 장에 꽤 많은 내용을 다뤘다. 코어블루투스 프레임워크와 그 안에 포함된 기능 중 아주 일부 하위 셋에 관해 배웠다. 상용 하드웨어로 이 프레임워크를 더 깊이 파고들도록 권장하겠다. 아이폰으로 폴라 블루투스 심박 모니터와 인터랙션을 하는 법에 관해서는 레이 웬덜리히의 웹사이트에 훌륭한 기사가 있는데, http://bit.ly/hr-monitor에서 찾을 수 있다.

다음 장은 보물 찾기 앱 구축을 위한 거리 측정을 다룰 것이다. 보물에 가까이 가면 앱이 말하게 하면 흥미로울 것이다. 그러니 무엇을 기다리는가? 출발하자!

4

비콘의 범위와 보물 찾기

이전 장에서 기능을 다뤘는데, 비콘의 범위에 진입할 때 트리거된다. 이 장은 해적에게서 영감을 받은 보물 찾기로 비콘의 범위를 정할 것이다.

이 장에서 새 기능은 많이 다루지 않을 것이다. 대신 기존 지식을 가다듬는 데 집중하고 CLLocationManager 클래스의 단 한두 가지 새 메소드만 추가할 것이다.

이 장은 다음 주제를 다룰 것이다.

- CLLocationManager 클래스를 이용한 비콘 범위 측정
- CLLocationManagerDelegate의 CLLocationManager didRangeBeacons: inRegion 델리게이트 메소드를 이용한 범위 감지

근처에 보물이 있다

이 장은 보물 찾기 앱을 구축할 것이다. 이상적으로는 하나는 보물이고 다른 하나는 찾는 사람일 수 있도록 두 개의 호환되는 iOS 기기가 있을 것이다. iOS 기기가 하나만 있더라도 걱정하지 말라. 컴패니언 앱이 보물 역할을 할 수 있고, iOS 기기는 보물 역할을 할 수 있다.

앱은 모드형 뷰 컨트롤러로 두 기능을 모두 수행할 것이다. 앱의 메인 뷰는 단지 사용자에게 기기가 보물인지, 찾는 사람인지 선택하게 해줄 것이다. 일단 사용자가 선택을 한 후, 앱은 찾느냐 발견되느냐의 단일 역할의 전용 뷰 컨트롤러를 열 것이다.

보물 뷰 컨트롤러 `LITreasureViewController`와 찾는 사람 뷰 컨트롤러 `LIHunterViewController`를 호출할 것이다.

앱이 보물 모드에서 구동할 때, 3장에서 iOS 기기로부터 메이티의 경품을 보냈던 것과 거의 비슷하게 단지 비콘으로 운영할 것이다. 앱은 찾는 사람 모드에서 구동할 때 더 흥미로워진다.

찾는 사람 모드에서 앱은 비콘의 범위를 결정해, 다음 그림에서 보이는 대로 일러스트된 지도에 거리를 표시할 것이다. 측정된 거리를 사용할 것이다.

거리의 이해

`CLLocationManager`의 `locationManager:didRangeBeacons:inRegion` 메소드로 비콘의 범위를 결정할 때, 비콘의 모음(CLBeacon)이 생긴다. 기기로부터 비콘의 거리를 이해하기 위해, CLBeacon 클래스는 두 프로퍼티를 준다.

- `proximity`: `proximity` 프로퍼티는 `CLProximity` 열거형으로 기기로부터 거리를 주는데, `CLProximityUnknown`, `CLProximityFar`, `CLProximityNear`, `CLProximityImmediate` 등 네 값 중 하나를 준다.

- `accuracy`: accuracy 프로퍼티는 이중의 값으로 기기로부터 거리를 주는데, 미터로 측정된 거리다. 거리를 결정할 수 없을 경우, 값은 음수로 나온다.

CLProximity 열거형 값은 네 대역으로 기기로부터의 대략적인 거리를 나타내며, 언제 액션을 실행할지 결정하기에 아주 좋다.

박물관 앱을 구축 중이라 상상해보자. 앱은 사용자에게 방문자가 걸어 돌아다닐 때 다양한 전시회 내의 개별 캐비닛에 관해 말해준다. 방문자가 네덜란드 예술품 전시회에 진입하는데, 방의 다른 편에 위치한 렘브란트의 그림에 관한 동영상을 재생하기 시작하면, 사용자가 아주 혼란에 빠질 것이다.

이 경우 비콘이 CLProximityImmediate의 프록시미티 값을 보고할 때만 이 동영상을 트리거하고 싶다.

대부분의 유스케이스에서 proximity 프로퍼티면 충분하다. 내부 지도에서 사용자 위치를 정확히 찍으려 하는 경우는 여러 비콘으로 사용자 위치를 삼각측량하기 위해 정확도 값을 사용할 가능성이 아주 크다.

다음 그림은 CLProximity 열거형 값의 대략적인 거리를 나타낸다.

- CLProximityUnknown: 30미터 이상의 거리를 나타낸다. 더 정확한 범위를 결정할 수 없을 때 사용한다.
- CLProximityFar: 비콘이 여전히 꽤 멀다는 뜻이며, 2에서 30미터 사이의 거리를 나타낸다.
- CLProximityNear: 비콘이 50센티미터와 2미터 사이의 거리로 사용자에게 꽤 가까이 있다는 뜻이다.
- CLProximityImmediate: 비콘이 50센티미터 이내에 있다는 뜻이다. 비콘을 만질 수 있어야 한다.

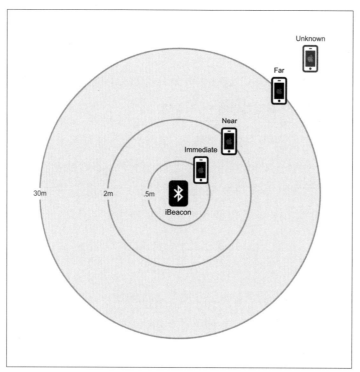

▲ CLProximity 열거형 값

애플리케이션

앱은 다음 그림에 보이는 것처럼 두 모드로 운영된다. 보물과 찾는 사람 모드 모두 기능을 포함하기 위해 별도의 뷰 컨트롤러를 지닌다. 루트 뷰 컨트롤러 (`LIViewController`)는 단지 우리에게 구동하고자 하는 모드를 선택하게 해준다.

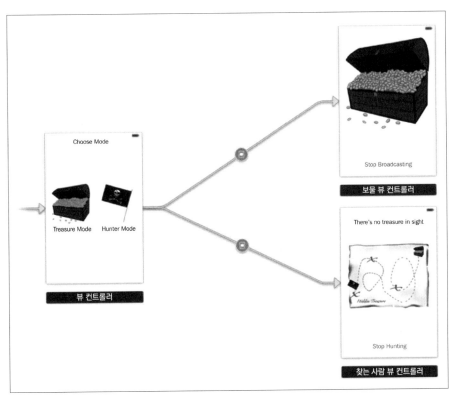

▲ 보물 찾기 앱 뷰 컨트롤러

수중에 iOS 기기 두 대가 없어도, 걱정하지 말라. 컴패니언 앱을 이용해, 다음 그림처럼 보물 비콘으로 브로드캐스트할 수 있다. 불행히도 시뮬레이터에서 블루투스 인터랙션을 수행할 수 없다. 그래서 두 기기가 있지 않는 한, 찾는 사람만 테스트할 수 있을 것이다.

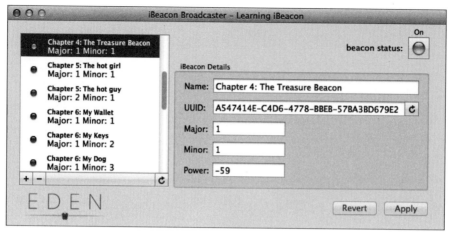

▲ 컴패니언 앱을 보물로 사용하기

앱 구축의 착수

다음 단계를 고려해 앱을 구축한다.

1. 엑스코드를 열어 새 프로젝트를 생성한다. 템플릿 목록에서 Single View
   Application을 선택하고, 프롬프트가 열리면, 새 프로젝트에 다음 값을 사용
   한다.

   ○ **Product Name:** TreasureHunt

   ○ **Organization Name:** Learning iBeacon

   ○ **Company Identifier:** com.learning-ibeacon

   ○ **Class Prefix:** LI

   ○ **Devices:** Universal

2. CoreBluetooth, CoreLocation 프레임워크가 필요할 테니, 계속해서 프로젝
   트에도 추가한다. 도움이 필요하다면 3장을 참조한다.

초기 뷰의 드로잉

이번에는 스토리보드로 뷰를 생성할 것이다. 컨트롤러마다 별개로 작성할 것이지만, 착수를 위해 스토리보드를 설정할 수 있도록 이 컨트롤러들의 스텁을 생성할 것이다. 다음 단계를 실행한다.

1. 새 Objective-C 클래스, 서브클래스 두 개를 생성해 `UIViewController`로부터 생성하며 시작한다. 이 클래스를 `LITreasureViewController`, `LIHunterViewController`라 부른다.

2. Main_iPhone.storyboard 파일을 연다. 엑스코드 템플릿이 `LIViewController`의 뷰를 이미 생성했음을 알 것이다. 모드형 뷰 컨트롤러마다 뷰 컨트롤러를 드랍할 것이다.

3. 두 개의 새 컨트롤러를 Object Library의 스토리보드에 드래그한다(^⌥⌘3).

4. 추가한 첫 뷰 컨트롤러를 선택해, Identity Inspector를 연다(⌥⌘3). 커스텀 클래스 아래의 `LITreasureViewController`에 값을 설정한다. 이 뷰 컨트롤러의 인스턴스를 생성해 코드로 표시할 방법이 필요할 테니, Storyboard ID 값을 `TreasureViewController`에 설정한다.

5. 다음 값으로 찾는 사람 뷰의 이전 단계를 따른다.

    ○ **Class**: `LIHunterViewController`

    ○ **Storyboard ID**: `HunterViewController`

6. 이제 세구에 segue로 이 뷰가 어떻게 제시되는지 정의하자. 루트 뷰 컨트롤러부터 보물 뷰 컨트롤러까지 컨트롤 키를 누른 채 클릭해서 드래그한다. 결과적인 세구에 대화상자에서 다음 그림처럼 타입으로 세구에 모드형을 선택한다. 보물 뷰 컨트롤러도 마찬가지로 한다.

▲ 모드형 세구에 옵션

잊지 말고 Main_iPhone.storyboard 파일의 아이패드 뷰에서도 마찬가지로 한다. 아이패드 앱을 누락시키지 않기를 바란다.

이제 뷰 컨트롤러마다 코딩을 시작하자. 진행하면서 뷰를 연결할 수 있다.

프레임워크와 프로젝트 설정 추가

다음 프레임워크가 필요할 것이다. 지금 추가한다.

- CoreLocation
- CoreBluetooth
- QuartzCore

다음으로 앱이 plist 설정이 있을 때 활성화의 퍼미션을 요청하도록 보장해야 한다. NSLocationAlwaysDescription 키를 프로젝트 설정의 **Info** 탭에 추가한다. 다음 그림에 보이는 대로, 프로젝트 설정의 This app needs your location so that we can find some treasure에 값을 설정한다.

▲ 로케이션 서비스 설명 설정 추가

100

이미지 추가

사용 가능한 소스 코드에서 이 앱을 위해 필요할 이미지가 여섯 개 있다.

다운로드한 리소스로 images 폴더를 찾아 다음 파일을 애플리케이션으로 끌어온다(필요한 경우). Copy items into destination group's folders 옵션을 반드시 체크한다.

- `Flat.png`: 이 이미지는 보물을 찾는 해적단을 나타내는 해적기다.
- `Treasure-Map-1.png`: 이 이미지는 보물로부터 아주 멀리 떨어져 있음을 보여주는 보물 지도다(`CLProximityUnknown`).
- `Treasure-Map-2.png`: 이 이미지는 보물로부터 멀리 떨어져 있음을 보여주는 보물 지도다(`CLProximityFar`)
- `Treasure-Map-3.png`: 이 이미지는 보물 근처에 있음을 보여주는 보물 지도다 (`CLProximityNear`)
- `Treasure-Map-4.png`: 이 이미지는 보물 바로 근처에 있음을 보여주는 보물 지도다(`CLProximityImmediate`)
- `Treasure.png`: 이 이미지는 보물이 가득찬 사랑스런 보물함이다.

루트 뷰 컨트롤러 구축

루트 뷰 컨트롤러는 단지 두 기능적 뷰 컨트롤러 중 하나를 모드형으로 제시하기 위해 버튼이 둘 있어야 한다. 이 컨트롤러에 거의 기능이 없으니, 그냥 즉시 띄우자.

1. LIViewController.m 파일을 열어, 새로 생성한 뷰 컨트롤러를 제시하기 전에, 현재 스토리보드와 이전에 설정한 구분자 값으로 새 뷰 컨트롤러를 인스턴스화할 IBAction 메소드 두 개를 생성한다.

   ```objc
   - (IBAction)chooseTreasure:(id)sender {
     UIViewController * vc = [self.storyboard
       instantiateViewControllerWithIdentifier:
       @"TreasureViewController"];

     [self presentViewController:vc animated:YES completion:nil];
   ```

```
    }

- (IBAction)chooseHunter:(id)sender {
    UIViewController * vc = [self.storyboard
      instantiateViewControllerWithIdentifier:
      @"HunterViewController"];

    [self presentViewController:vc animated:YES completion:nil];
  }
```

2. 아이폰 스토리보드 파일로 다시 돌아가 Object Library에 도움말 레이블과 버튼 두 개를 추가한다(^⌥⌘3). Treasure.png, Flag.png에 버튼 이미지를 설정해 다음 그림처럼 보이게 뷰의 레이아웃을 잡는다. 마지막으로 컨트롤 키로 뷰 컨트롤러 버튼들을 Assistant Editor를 이용해 관련 IBAction로 드래그한다(⌥⌘↵).

3. 아이패드 스토리보드도 잊지 말자!

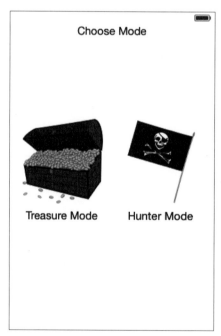

▲ 루트 뷰 컨트롤러 뷰

보물 뷰 컨트롤러 구축

보물 뷰 컨트롤러는 더 단순한 UI지만, 배후에는 훨씬 더 많은 일이 일어나고 있다.

LITreasureViewController는 2장에서 설명한 그대로, CBPeripheralManager로 비콘 프로필을 브로드캐스트하는 기능을 제공할 것이다. 이번에는 앱이 백그라운드에 진입하거나 모드형 뷰가 철회될 때 브로드캐스팅을 정리하고 중단해야 하기에, 구현 상 더 깔끔해야 할 것이다.

iOS 기기가 BLE와 호환되지 않을 경우 이 뷰 컨트롤러도 철회할 것이다. 경고 메시지로 이렇게 할 것이다.

먼저 해야 할 일은 뷰 컨트롤러를 CBPeripheralManagerDelegate, UIAlertViewDelegate로 선언하는 것이다.

1. LITreasureViewController.h 파일을 열어, 프레임워크를 임포트하고, 델리게이트 선언을 다음과 같이 설정한다.

```
#import <UIKit/UIKit.h>
#import <CoreBluetooth/CoreBluetooth.h>
#import <CoreLocation/CoreLocation.h>
@interface LITreasureViewController :
  UIViewController<CBPeripheralManagerDelegate,
  UIAlertViewDelegate>
@end
```

2. 이제 LITreasureViewController.m 파일로 넘어가 다음 코드에 보이는 대로 프라이빗 인터페이스 선언에서 CBPeripheralManager 프로퍼티를 선언한다.

```
@interface LITreasureViewController ()
@property (nonatomic, strong) CBPeripheralManager *
  peripheralManager;
@end
```

3. 뷰 컨트롤러를 철회하고 비콘으로 브로드캐스팅을 중단할 방법이 필요하다. 다음 메소드를 추가한다.

```
- (IBAction)stopBroadcasting:(id)sender {
    [self.peripheralManager stopAdvertising];
    [self dismissViewControllerAnimated:YES completion:nil];
}
```

3장에서 논한 대로, 사용할 수 있기 전에 CBPeripheral의 구동까지 기다려야 하니, viewDidLoad 메소드의 책임은 단지 페리페럴 매니저의 생성일 뿐이다. 또한 조심스럽게 앱이 백그라운드에 진입할 때 브로드캐스팅을 중단하도록 보장할 것이다. 디폴트 NSNotificationCenter의 UIApplicationDidEnterBackgroundNotification 이벤트를 관찰하고, 이벤트를 관찰할 때 stopBroadcasting 메소드를 호출함으로써 이렇게 할 것이다.

이제 viewDidLoad 메소드를 추가한다.

```
-(void)viewDidLoad {
    [super viewDidLoad];

    self.peripheralManager = [[CBPeripheralManager alloc]
      initWithDelegate:self queue:nil];

    [[NSNotificationCenter defaultCenter] addObserver:self
      selector:@selector(stopBroadcasting:)
      name:UIApplicationDidEnterBackgroundNotification
      object:nil];
}
```

비콘 데이터 광고를 시작하기 위해, CBPeripheralManagerDelegate 프로토콜의 peripheralManagerDidUpdateState 메소드를 구현해야 한다. 블루투스 페리페럴에 전원이 들어올 때, 광고를 시작할 수 있다.

3장과 꼭 같지만, 이번에는 BLE 기능이 없는 구식 iOS 기기를 사용하지 않도록 보장할 것이다. 계속 발생하면, 경고 뷰를 표시할 것이다.

CBPeripheralManager가 CBPeripheralManagerStateUnsupported 상태를 보고할 때, 기기에 BLE 기능이 없다 판단한다.

이제 감지 임플멘테이션을 추가한다.

```objc
-(void)peripheralManagerDidUpdateState:(CBPeripheralManager
  *)peripheral {
    if (peripheral.state == CBPeripheralManagerStateUnsupported) {
      UIAlertView * av = [[UIAlertView alloc]
        initWithTitle:@"Error" message:@"This device doesn't
        support BLE" delegate:self cancelButtonTitle:@"Close"
        otherButtonTitles:nil, nil];

      [av show];
      return;
}
if (peripheral.state == CBPeripheralManagerStatePoweredOn) {
    // 브로드캐스트 시작
    CLBeaconRegion * beaconRegion = [[CLBeaconRegion alloc]
      initWithProximityUUID:[[NSUUID alloc]
      initWithUUIDString:@"A547414E-C4D6-4778-BBEB-
      57BA3BD679E2"] identifier:@"Treasure"];

      NSNumber * power = [NSNumber numberWithInt:-63];

      NSMutableDictionary * sData = [beaconRegion
        peripheralDataWithMeasuredPower:power];

      [self.peripheralManager startAdvertising:sData];
    }
}
```

마지막으로 iOS 기기가 너무 구식이면, 경고 뷰를 처리하고 뷰 컨트롤러를 철회해야 한다.

```objc
-(void)alertView:(UIAlertView *)alertView
  clickedButtonAtIndex:(NSInteger)buttonIndex
{
    [self dismissViewControllerAnimated:YES completion:nil];
}
```

마침내 연결

뷰 컨트롤러를 뷰에 연결해야 한다. 뷰는 두 서브뷰만 필요하다. 사랑스런 보물을 표시하기 위해 이미지 하나, 철회하기 위해 버튼 하나도 필요하다.

다음 그림처럼 보이도록 뷰를 생성하고, 버튼을 stopBroadcasting 액션에 바인딩한다.

▲ 보물 뷰 컨트롤러 뷰

찾는 사람 뷰 컨트롤러의 구축

찾는 사람 뷰 컨트롤러에서야 재미있는 일이 모두 일어난다. 일단 비콘 리전에 진입하면, 비콘의 범위를 찾기 시작한 후, 범위를 찾은 모음 중 첫 비콘으로부터의 거리를 모니터링해야 한다.

다음 그림에서 어떻게 사용자 인터페이스가 LIHunterViewController를 찾아야 하는지 간단히 살펴보자.

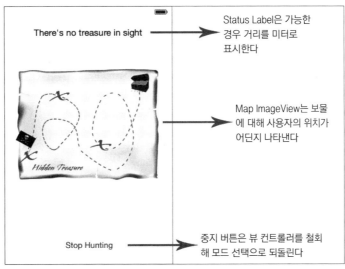

Status Label은 가능한
경우 거리를 미터로
표시한다

There's no treasure in sight

Map ImageView는 보물
에 대해 사용자의 위치가
어딘지 나타낸다

중지 버튼은 뷰 컨트롤러를 철회
해 모드 선택으로 되돌린다

Stop Hunting

▲ 찾는 사람 뷰 컨트롤러 뷰

찾는 사람 뷰 컨트롤러 상태

찾는 사람 뷰 컨트롤러는 비콘으로부터의 거리를 근거로 여러 상태가 있다.

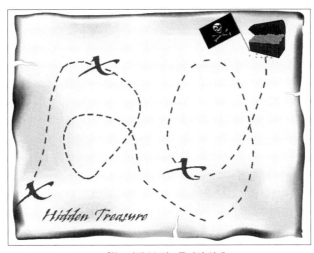

▲ 찾는 사람 뷰 컨트롤러의 상태

다음 표는 이 프로퍼티들의 상태를 설명한다.

비콘으로부터의 거리	지도 이미지	상태 레이블 텍스트
CLProximityUnknown	Treasure-Map-1.png	There's no treasure in sight
CLProximityFar	Treasure-Map-2.png	The treasure is very far away (%.2fm).
CLProximityNear	Treasure-Map-3.png	The treasure is very close (%.2fm)
CLProximityImmediate	Treasure-Map-4.png	We've found the treasure

일단 비콘으로부터 50센티미터 이내에 진입한 후, You found the treasure 메시지로 경고를 표시한 후, 더 이상 검색할 필요가 없기에 뷰 컨트롤러를 철회할 것이다. LIHunterViewController가 경고 뷰를 처리해야 함이 합리적이다. 비콘의 범위를 찾기 위해 CLLocationManager도 필요하니, 이 오브젝트에도 델리게이트 메소드가 필요하다.

임포트와 퍼블릭 프로퍼티

LIHunterViewController.h 파일에 인터페이스를 설정하며 시작하자.

CLLocationManagerDelegate, UIAlertViewDelegate 모두의 뷰 컨트롤러에 선언을 추가한다.

```
#import <UIKit/UIKit.h>
#import <CoreBluetooth/CoreBluetooth.h>
#import <CoreLocation/CoreLocation.h>

@interface LIHunterViewController : UIViewController<CLLocationManager
Delegate, UIAlertViewDelegate>

@property (nonatomic, strong) IBOutlet UILabel * statusLabel;
@property (nonatomic, strong) IBOutlet UIImageView * mapImageView;

@end
```

프라이빗 프로퍼티

프라이빗 프로퍼티를 설정하자. 비콘의 범위를 찾기 위해 CLLocationManager, 범위를 찾는 중인 리전을 나타내기 위해 CLBeaconRegion이 필요할 것이다.

이 프로퍼티들을 LIHunterViewController.m의 프라이빗 인터페이스 선언에 추가한다.

```
@interface LIHunterViewController()
@property (nonatomic, strong) CLLocationManager * locationManager;
@property (nonatomic, strong) CLBeaconRegion * beaconRegion;
@end
```

뷰의 로딩

CLHunterViewController는 로딩 시 몇 가지 일을 해야 한다.

1. 그 CLLocationManager 인스턴스를 인스턴스화한다.

2. 사용자 위치를 사용하기 위해 퍼미션을 요청한다.

3. 리전을 나타내는 CLBeaconRegion 인스턴스를 생성한다.

4. 리전의 델리게이트로 스스로를 설정한다.

5. 리전 내에서 비콘의 범위를 찾기 시작한다.

viewDidLoad 메소드를 생성해 이 액션들을 이제 수행하자.

```
-(void)viewDidLoad{
    [super viewDidLoad];

    // 새 로케이션 매니저 생성
    self.locationManager = [[CLLocationManager alloc]
      init];

    // 로케이션 퍼미션 요청
    [self.locationManager requestAlwaysAuthorization];

    // 새 리전 생성
    self.beaconRegion = [[CLBeaconRegion alloc]
```

```
initWithProximityUUID:[[NSUUID alloc]
  initWithUUIDString:@"A547414E-C4D6-4778-BBEB-
  57BA3BD679E2"] identifier:@"Treasure"];

[self.locationManager setDelegate:self];
[self.locationManager
  startRangingBeaconsInRegion:self.beaconRegion];
}
```

리전의 진출입

리전에 진출입할 때, 비콘 범위 찾기의 시작, 중단이 필요하다. 다음 CLLocationManagerDelegate 메소드를 추가한다.

```
-(void)locationManager:(CLLocationManager *)manager
  didEnterRegion:(CLRegion *)region
{
    [self.locationManager
      startRangingBeaconsInRegion:self.beaconRegion];
}

-(void)locationManager:(CLLocationManager *)manager
  didExitRegion:(CLRegion *)region {
    [self.locationManager
      stopRangingBeaconsInRegion:self.beaconRegion];
}
```

상태 변경

찾는 사람 뷰 컨트롤러의 구축 부분의 그림에 나타난 상태들 간의 변경을 위해, 비콘이 범위에 들 때 지도 이미지와 상태 메시지를 설정해야 한다. 그러기 위해 CLLocationManagerDelegate 프로토콜의 locationManager:didRangeBeacons:inRegion 메소드를 구현해야 한다.

다음 코드는 그 전체 메소드를 보여준다. 곧 행별로 세분화할 것이다. 현재로서는 코드를 임플멘테이션에 추가한다.

```objc
-(void)locationManager:(CLLocationManager *)manager
  didRangeBeacons:(NSArray *)beacons inRegion:(CLBeaconRegion
  *)region {
    if (beacons.count == 0) return;

    CLBeacon * beacon = [beacons firstObject];

    NSString * imageName;
    NSString * message;
    bool showAlert = false;

    switch (beacon.proximity) {
      case CLProximityFar:
        imageName = @"Treasure-Map-2.png";
      message = [NSString stringWithFormat:@"The treasure is
        very far away (%.2fm)", beacon.accuracy];
      break;
      case CLProximityNear:
        imageName = @"Treasure-Map-3.png";
      message = [NSString stringWithFormat:@"The treasure is
        very close (%.2fm)", beacon.accuracy];
      break;
      case CLProximityImmediate:
        imageName = @"Treasure-Map-4.png";
      message = @"We've found the treasure!!!";
      showAlert = true;
      break;
      case CLProximityUnknown:
      default:
        imageName = @"Treasure-Map-1.png";
        message = @"There's no treasure in sight";
        break;
    }

    [self.mapImageView setImage:[UIImage imageNamed:imageName]];
    [self.statusLabel setText:message];

    if (showAlert)
    {
        [self.locationManager
          stopRangingBeaconsInRegion:self.beaconRegion];
```

```
        UIAlertView * av = [[UIAlertView alloc]
            initWithTitle:@"Well done!"
        message:@"You found the treasure"
        delegate:self cancelButtonTitle:@"Stop hunting"
            otherButtonTitles:nil, nil];

        [av show];
    }
}
```

리전에 진입하기 전, startRangingBeaconsInRegion 메소드를 호출했기에, 실제 리전에 진입하기 전, 사실 이 메소드로 빈 어레이를 통과했을 수 있다. 이 시나리오에서는 아무 일도 할 필요가 없기에, 메소드에서 되돌아 나올 수 있다.

```
if (beacons.count == 0) return;
```

다음으로 어레이에서 첫 비콘을 끌어와야 한다. 유스케이스에는 보물 하나만 있다. 다른 앱을 구축한다면, 이 어레이에 많은 비콘이 있을지도 모른다.

```
CLBeacon * beacon = [beacons firstObject];
```

비콘 프록시미티 값으로, 뷰 값 설정 전에 switch 문으로 이미지, 레이블의 값을 모은다.

```
NSString * imageName;
NSString * message;
bool showAlert = false;
switch (beacon.proximity) {
    ...
}
[self.mapImageView setImage:[UIImage imageNamed:imageName]];
[self.statusLabel setText:message];
```

마지막으로 비콘으로부터의 프록시미티가 CLProximityImmediate라면, 경고 뷰를 표시해, 보물을 찾은 사용자를 축하한다.

```
if (showAlert)
{
    [self.locationManager stopRangingBeaconsInRegion:self.beaconRegion];
```

```
UIAlertView * av = [[UIAlertView alloc] initWithTitle:@"Welldone!"
message:@"You found the treasure"
delegate:self cancelButtonTitle:@"Stop hunting"
otherButtonTitles:nil, nil];

[av show];
}
```

경고 뷰가 표시될 때 컨트롤러를 철회하기 위해, UIAlertViewDelegate 프로토콜의 alertView:clickedButtonAtIndex: method를 구현해, 경고를 태핑할 때 뷰 컨트롤러를 철회한다.

이제 경고 뷰를 추가한다.

```
-(void)alertView:(UIAlertView *)alertView
  clickedButtonAtIndex:(NSInteger)buttonIndex
  {
    [self dismissViewControllerAnimated:YES completion:nil];
}
```

정돈

보물 뷰와 꼭 같이 뷰 컨트롤러를 정돈해 철회할 메소드가 필요하다. 이번에는 다음 단계로 비콘의 범위 찾기를 중단해야 한다.

1. 다음과 같이 stopHunting 메소드를 추가한다.

   ```
   - (IBAction)stopHunting:(id)sender {
     [self.locationManager
       stopRangingBeaconsInRegion:self.beaconRegion];
     [self dismissViewControllerAnimated:YES completion:nil];
   }
   ```

2. 뷰에서 버튼의 touchUpInside 이벤트에 이 액션을 연결한다.

 다시 한 번 말하지만, 아이패드 스토리보드 툴을 잊지 말아야 한다.

더욱 주의하자

앱이 백그라운드에 진입할 경우 반드시 정돈해야 한다.

앱이 백그라운드에 진입할 때 stopHunting: 메소드에 옵저버를 추가한다.

```
[[NSNotificationCenter defaultCenter] addObserver:self
  selector:@selector(stopHunting:)EnterBackgroundNotification
object:nil];
```

코드의 완성

두 기기에서 앱을 디버그해 테스트한다. 한 기기에서 앱을 시작하고, 보물로 구동하기 시작한다. 둘째 기기에서 찾는 사람 모드를 시작하기 전에 적어도 50미터 떨어지려 노력한다.

보물을 향해 서서히 움직이며, 팔 하나 뻗을 거리 이내에 접근하기 전에 지도와 메시지 변경을 본다. 일단 이 이후 찾는 사람은 경고 뷰를 보고 철회 시 닫아야 한다.

정리

이 장은 CLBeacon 클래스의 프록시미티와 정확도 프로퍼티로 기기와 비콘의 거리를 판단함으로써 CLLocationManager, CLBeacon 클래스의 지식을 넓혔다.

다음 장은 앱이 백그라운드에 있을 때 비콘의 발견을 논할 것이며, 이 지식으로 프록시미티 기반의 데이팅 앱을 구축할 것이다.

이 장에 코드가 많기에, 장애물이 될 수 있다. 궁금한 게 있다면, 내 @craiggilchrist (https://twitter.com/craiggilchrist) 트위터 계정으로 자유롭게 질문해도 좋다.

5

백그라운드의 비콘 감지와
위치 기반 데이팅

지금까지 비콘 발견, 비콘 범위 찾기, iOS 기기를 이용해 비콘으로 브로드캐스트하는 것에 관해 이야기했다. 이제는 꽤 힘을 갖춘 듯한 느낌이 들 것이다. 하지만 이 모든 유스케이스는 앱의 구동을 요한다.

모든 유스케이스에 대해 앱을 구동한다면 현실적이지 않다. 아이비콘이 기본적으로 기능을 위한 트리거임을 감안할 때, 이 기능 중 일부가 포어그라운드로 앱을 끌어내기 위한 것일 수 있어야 의미가 있다. 이 장은 앱이 백그라운드에서 구동 중이고, 비콘 리전에 진입할 때 깨어나는 다른 유스케이스를 탐구할 것이다.

백그라운드 비콘 감지를 예시하기 위해, 잠재적인 데이트 상대가 근처에 있을 때 사용자에게 알리는 위치 기반 데이팅 앱을 생성할 것이다.

다음 주제를 다룰 것이다.

- 백그라운드의 비콘 모니터링
- 운영체제에게 리전 모니터링을 넘기기 위한 iOS 아키텍처

- 백그라운드 모니터링의 다양한 시나리오
- 백그라운드 모니터링에 필요한 설정
- 패스북으로 비콘 사용하기

현실적인 유스케이스

생각해보면 아이비콘 중 대부분의 활용은 항상 포어그라운드에서 구동 중인 앱에만 연관되지는 않을 것이다. 대부분의 앱은 비콘 리전 경계에 진입한 후 앱을 사용하고자 할 경우 사용자가 포어그라운드로 끌어낼 때 깨어날 가능성이 가장 크다.

소매 로열티의 유스케이스 사례

소매 로열티를 위한 앱을 구축한다 상상해보자. 이 시나리오에서는 거의 분명히 사용자가 매장의 범위 내에 진입할 때 어떤 기능을 트리거하고 싶을 것이다. 고객에게 새 베이글 제품군의 맛있는 경품을 전송하고 싶을 수도 있거나, 커피를 마시러 들르고자 하는 경우에 한해 사용자에게 로열티 카드를 제공하고 싶을 수 있다.

항공사의 업무 지원을 위한 유스케이스 사례

이제 항공사의 앱을 구축한다 생각해보자. 앱으로 사용자는 항공권을 예약하고, 탑승권을 다운로드하게 해준다. 앱으로 사용자는 출발 라운지 할인도 받을 수 있고, 공항 주변의 길찾기도 할 수 있다.

일단 앱으로 항공권을 예약한 후, 공항에 도착하기 전에는 완전히 쓸모없어진다. 이 시기 동안 사용자는 그 존재를 잊어버린다. 공항 터미널에 도착하기까지 그 기능들이 필요하지 않다. 이 시나리오에서 사용자에게 체크인 데스크에 도달할 때 탑승권을 제시하고 싶다. 사용자는 앱을 열어 체크인 직원에게 탑승권을 제시한다.

이제 사용자는 가방을 확인하고 스트레스도 없다. 쇼핑을 할 준비가 된다. 사용자가 출발 라운지에 접근하면, 멋진 경품이 사용 가능하다 설명하는 푸시 알림을 제시한다. 사용자는 앱을 열고, 경품을 검토하며, 비행이 약간 더 편안해지도록 가전 제품 매장에서 새 헤드폰을 구매하러 가기로 한다.

이는 앱이 비콘에 의해 깨어날 기능성이 더 큰 사례 중 두 가지일 뿐이다.

사용자가 비콘 중 하나의 범위 내에 있는데 앱을 사용 중이지 않을 때를 알고 싶지 않은 경우는 아주 드물다. 그래서 애플은 그 무한한 지혜로 백그라운드의 리전 모니터링을 아주 쉽게 해놨다.

책임 넘기기

iOS에서 앱과 연관된 리전(CLBeaconRegion이나 CLRegion)은 앱이 구동 중이지 않을 때를 포함해 항상 추적한다. 앱이 구동 중이지 않을 때 리전의 경계를 넘을 경우, 이벤트를 처리하기 위해 앱을 백그라운드에서 다시 런칭할 것이다.

마찬가지로 이벤트가 발생할 때 앱을 정지할 경우, 이벤트를 처리하기 위해 깨어나며, 짧은 시간(약 10초)이 주어진다.

필요할 때 앱은 UIApplication 클래스의 beginBackgroundTaskWithExpirationHandler: 메소드로 백그라운드 실행 시간을 더 요청할 수 있다.

즉, 앱이 로컬 알림 표시, HTTP 요청 전송(혹은 둘 다) 등 몇 가지 액션을 수행할 수 있지만, 더 이상 비콘 범위 찾기 등 액션을 실제로 수행할 수는 없다는 뜻이다. 일단 앱이 슬립으로 돌아가면 이 기능의 호출이 중단되기 때문이다.

다음 그림에서 보이듯, 엑스코드 내 애플리케이션의 **Capabilities** 탭에서 백그라운드 모드를 켜서 백그라운드의 더 긴 액션 구동을 수행할 수 있다. 백그라운드 모드를 켜면, info.plist 파일에 Required Background Modes 키가 추가된다.

 상용 애플리케이션에서 지속적인 로케이션 업데이트를 요할 때 아주 유효한 이유가 없다면, 애플은 배터리 수명에 대한 암시적 의미 때문에 리뷰 시 애플리케이션을 거부할 가능성이 크다.

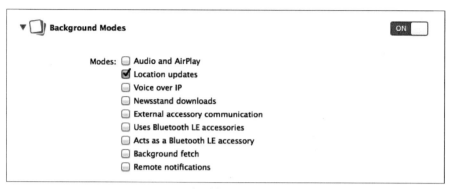

▲ 백그라운드 모드 켜기

현실적으로는 아이비콘 기반의 앱에 백그라운드 모드를 켤 필요가 없다. 이 기능은 턴바이턴 도움말을 위해 지역 기반의 알림으로 백그라운드에서 여정까지의 내비게이션을 지속하게 해주는 웨이즈 앱(https://www.waze.com/) 등 내비게이션용 로케이션이 필요한 앱에만 필요하다.

CLLocationManager를 생성해 startMonitoringForRegion 메소드를 호출할 때, 앱은 특정 리전의 이벤트를 받기 시작한다. 앱은 백그라운드에 진입할 때, 이 책임을 OS로 넘긴다.

앱이 구동 중인 동안, didRangeBeacons:inRegion: 등 비콘 관련 모든 CLLocationManager 이벤트는 CLLocationManager의 델리게이트가 직접 처리한다. 앱이 한 번 구동한 후 백그라운드에 진입하면, 이벤트는 운영체제로 넘어간다. 그러면 이벤트를 처리할 애플리케이션이 시작되는데, 잠시 앱을 포어그라운드로 끌어올린다.

CLBeaconRegion 옵션

CLBeaconRegion 인스턴스의 프로퍼티는 앱이 백그라운드에서 구동 중일 때의 동작에 엄청난 영향을 준다. 이 옵션들 중 일부를 이제 살펴보자.

- CLBeaconRegion.notifyOnEntry: 이 프로퍼티가 YES일 때, 리전 외부에서 내부로 건너오는 기기는 알림 전송을 트리거한다. 프로퍼티가 NO면 알림은 생성되지 않는다. 경계를 건너지 않는 시스템은 처리하기 위해 앱을 백그라운드에서 런칭한다.

- CLBeaconRegion.notifyOnExit: 이 프로퍼티는 이전 항목에서 언급한 것과 비슷하게 작동하는데, 기기가 리전 내부에서 외부로 건너갈 때 발생하는 알림은 예외다. 기기가 리전의 마지막 비콘 범위를 벗어난 후 10초까지 보통 지연이 있지만, 30초까지일 수도 있다. 이 유예 시간은 사용자가 경계의 끝에 다가가 이동 중인 동안, 수많은 진출입 이벤트를 빨리 계속해서 호출하지 않도록 보장하기 위함이다.

- CLBeaconRegion.notifyEntryStateOnDisplay: notifyOnEntry와 notifyOnExit가 모두 실제로 CLRegion의 상속받은 프로퍼티지만, notifyEntryStateOnDisplay는 그 자체로 CLBeaconRegion 프로퍼티다. YES로 설정할 때, locationmanager는 사용자가 디스플레이를 켰는데 기기가 이미 리전 내에 있으면 비콘 알림을 전송한다. 가장 반응적인 백그라운드 알림을 위해서는 항상 CLBeaconRegion.notifyEntryStateOnDisplay 프로퍼티를 YES로 설정한다. 그러면 기기가 잠금 화면인 경우도 화면이 켜질 때 앱이 포어그라운드로 나오도록 보장된다.

일부 시나리오에서는 리전에 진입할 때 알림을 표시하고 싶지만, 사용자가 기기를 볼 때만일 수도 있다. 이 시나리오에서는 notifyOnEntry를 NO로, notifyEntryStateOnDisplay를 YES로 설정해야 하는데, 기기 디스플레이가 켜질 때만 리전 진입 시 알림을 보낼 것이다.

패스북 통합

애플의 전자 지갑 솔루션인 패스북과 직접 비콘이 작동하면 아주 좋지 않겠는가? 물론 그럴 것이며, 물론 애플도 그런 생각을 했다. 비콘 리전 내에 있을 때, 패스북의 패스를 포어그라운드로 쉽게 끌어낼 수 있다.

iOS 7.0 기준으로 애플은 비콘 딕셔너리 키를 PassKit 번들에 추가해, 특정 비콘 범위에 들 때, 표시할 텍스트와 함께 활성화된 비콘을 정의하는 기능을 준다.

새 딕셔너리 값으로 메시지와 패스의 섬네일 이미지를 표시하는 비콘 어레이를 지정할 수 있는데, 다음 그림에 보이듯 전화 잠금을 해제하지 않고도 패스를 전면에 넘길 수 있다.

▲ 아이비콘을 이용해 잠금 화면에서 패스북 패스 표시

PassKit(애플의 패스 생성 도구)의 탐구는 분명히 이 책의 범위를 벗어나니, 패스의 구조를 훑어만 볼 것이다. 패스가 다음 파일들을 포함하는 .pkpass 파일 확장자의 집 파일로 구성된다는 사실만 알면 충분하다.

- 패스에 나타나는 패스 유형, 색상, 제목, 레이블, 설명문 등, JSON 포맷으로 패스의 세부를 제공하는 pass.json 파일

- PNG 포맷으로 패스 내에서 사용하는 아이콘과 스트립 이미지

- 패스 내에서 사용하는 개발자 서명과 인증서

pass.json 파일은 잠금 화면에서 패스가 표시하기 위한 수많은 새 비콘 딕셔너리 키를 가지고 있다. 다음 표에 나타나 있다.

키 이름	유형	설명
proximityUUID	문자열	비콘 리전의 UUID
Major	16비트의 서명 없는 정수	비콘의 메이저 값
Minor	16비트의 서명 없는 정수	비콘의 마이너 값
relevantText	문자열	옵션. 현재 패스가 관련될 때 잠금 화면에 표시되는 텍스트. 예를 들어 "Store nearby on 1st and Main" 등 근처 로케이션의 설명일 수 있다.

기능의 작동 방식을 보여주기 위해, 튜토리얼에서 사용할 패스를 생성했는데, pass.json 파일의 다음 비콘 어레이를 포함한다.

```
{
    ... // 나머지 pass.json은 명료함을 위해 생략
    "beacons": [
    {
        "proximityUUID": "B20891ED-02C7-4987-AE14-
          2DB2D759F735""",
        "major": 2,
        "minor": 1,
        "relevantText": "A hot guy is nearby"
    },
    {
        "proximityUUID": "B20891ED-02C7-4987-AE14-
          2DB2D759F735",
        "major": 1,
```

```
        "minor": 1,
        "relevantText": "A hot gal is nearby"
      }
    ]
}
```

 패스북과 PassKit은 이 책의 범위 밖이지만, PassKit을 이용한 패스북 패스 생성에 관한
훌륭한 튜토리얼을 원한다면 레이 웬덜리히의 사이트 http://bit.ly/rw-passbook에 있는
마린 토도로프의 두 부분으로 이뤄진 튜토리얼을 추천한다.

튜토리얼 앱

이 모든 기능을 입증하는 앱을 이제 생성할 것이다. 로컬 알림을 제시하기 전에 백
그라운드에서 리전을 모니터링할 것이다. 앱을 구동 중일 때, 리전 내 비콘의 범위
를 찾고 앱이 백그라운드로 들어갈 때 범위 찾기를 중단할 것이다. 마지막으로 사
용자에게 리전 내에 있을 때 잠금 화면에서 나타날 패스북 이벤트 티켓 패스를 담
을 Ticket을 추가하게 해줄 것이다.

앱을 테스트하기 위해 OS X 컴패니언 애플리케이션으로 두 비콘 중 하나를 광고
해, "hot guy"나 "hot gal"을 표시할 것이다.

시나리오

새 로케이션 기반 데이팅 앱을 구축하도록 요청받았다. 외로운 사람들이 서비스에
등록할 때, 휴대 중인 비콘 키링을 보내고, 그 지역에 다른 외로운 사람들이 있을
때 알려주는 컴패니언 앱을 다운로드할 수도 있다.

외로운 사람들의 키링은 같은 UUID를 사용한다. 하지만 인기녀들은 메이저 값으

로 1을 브로드캐스트하는 반면, 인기남은 메이저 값으로 2를 브로드캐스트한다. 외로운 사람들마다 고유의 마이너 값이 주어질 것이다. 하지만 다음 표에 보이는 대로 남자 한 명과 여자 한 명 값만 사용해 컨셉을 테스트하도록 요청받는다.

UUID	메이저	마이너	외로운 사람
B20891ED-02C7-4987-AE14-2DB2D759F735	1	1	A hot gal
	2	1	A hot guy

사용자는 인기남이나 인기녀 중 누구를 찾는지 선택할 수 있을 것이다. 앱이 구동 중일 때 목표가 되는 데이트 상대가 범위에 한 명 들 때, 목표로부터의 거리를 미터로 제시받을 것이다.

앱이 백그라운드에 있고, 사용자가 비콘 범위에 진입할 때, 잠재적인 데이트 상대가 범위 내에 있음을 말해주는 푸시 알림이 표시될 것이다. 앱이 열리면, 비콘의 범위 찾기가 시작될 것이다.

마지막으로 사용자는 패스북 패스를 기기에 추가할 수도 있을 텐데, 남녀가 리전에 있을 때마다 표시될 것이다. 이를 "사랑의 티켓"이라 부르자.

뷰의 구조

다음 그림에 보이는 것과 같은 앱을 산출할 것이다. 앱은 싱글뷰 애플리케이션일 것이며, 다시 한 번 스토리보드로 사용자 인터페이스를 생성할 것이다.

앱에서 사용하는 모든 이미지는 이 장의 코드 내에 포함돼 있다. hotdate.pkpass 라는 아주 중요한 파일도 있는데, 튜토리얼과 결부된 서명된 패스북 패스다. 반드시 모두 다운로드해야 한다.

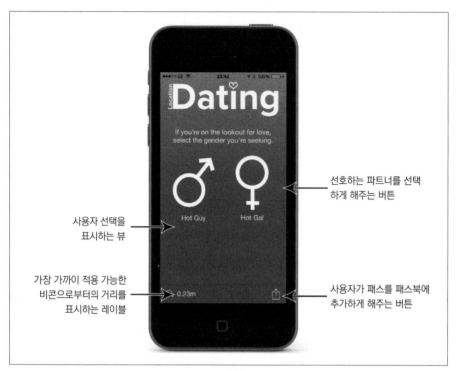

선호하는 파트너를 선택
하게 해주는 버튼

사용자 선택을
표시하는 뷰

가장 가까이 적용 가능한
비콘으로부터의 거리를
표시하는 레이블

사용자가 패스를 패스북에
추가하게 해주는 버튼

▲ 앱 뷰

코드

두 부분으로 앱을 구축할 것이다. 필요한 모든 비콘 기능은 앱이 싱글뷰 컨트롤
러를 구성하는 동안, 앱 델리게이트(LIAppDelegate)에서 이뤄질 것이다. 디폴트
NSNotificationCenter로 앱 델리게이트와 ViewController 간의 커뮤니케이션
을 할 것이다.

애플리케이션 생성

프로젝트를 생성해 프레임워크를 추가하며 시작하자. 이 튜토리얼에 꽤 많은 코드
가 있으니, 단계별로 부분마다 검토할 것이다.

1. 엑스코드를 시작해 싱글뷰 애플리케이션을 생성한다. 프롬프트가 나오면 다음 과 같이 새 제품의 다음 옵션을 사용한다.

    - **Product Name:** Location Dating

    - **Organization Name:** Learning iBeacon

    - **Company Identifier:** com.learning-ibeacon

    - **Class Prefix:** LI

    - **Devices:** iPhone

2. 이 앱에 CoreLocation, PassKit 프레임워크가 필요하다. 계속해서 이전 장들 처럼 이제 이 프레임워크들을 추가한다.

3. 다음으로 로케이션 퍼미션을 요청할 수 있도록 plist 설정이 앱에 있도록 보 장해야 한다. NSLocationAlwaysDescription 키를 프로젝트 설정의 info 탭에 추가한다. **This app needs your permission to find a hot date**에 값을 설정한다.

뷰의 생성

다시 한 번 이 앱에 스토리보드를 사용한다. 싱글뷰 애플리케이션을 생성해, 이미 LIViewController가 주어졌고, 이 컨트롤러가 있는 스토리보드는 이미 제시됐다.

이전 장들에서 상당 부분을 다뤘기에 스토리보드에서 컨트롤마다 생성하는 법은 상세히 다루지 않겠다. 뷰를 생성하기 위해 다음 단계를 고려한다.

1. Main.storyboard 파일을 열어 앱 뷰 그림에 보이는 대로 뷰의 레이아웃을 잡 는나. 하난 항목들에 대해 유연한 스페이스 바 버튼과 함께 UIToolbar를 사용 해 액션 버튼으로부터의 거리 레이블을 구분했다.

 코드로 바로 뛰어들고 싶다면, 다운로드할 수 있는 전체 코드로부터 뷰를 빌려와도 좋다.

2. LIViewController.h에 다음 프로퍼티를 생성해, 스토리보드에 연결한다. highlightView 프로퍼티로 사용자에게 어떤 버튼을 선택했는지 표시한다. 나머지 프로퍼티는 꽤 명백하나, 다시 한 번 말하지만 확신이 없다면 완료된 코드를 다시 참조해야 한다.

```
@property (weak, nonatomic) IBOutlet UIButton * guyButton;
@property (weak, nonatomic) IBOutlet UIButton * galButton;
@property (weak, nonatomic) IBOutlet UIView *
    highlightView;
@property (weak, nonatomic) IBOutlet UILabel * guyLabel;
@property (weak, nonatomic) IBOutlet UILabel * galLabel;
@property (weak, nonatomic) IBOutlet UIBarButtonItem *
    distanceBarButtonItem;
```

3. LIViewController.m을 열어 다음 메소드를 생성한 후, 메소드의 guyButton, galButton 모두로부터 touchUpInside 액션을 연결한다. 더 나중에 구현을 완료할 것이다.

```
-(IBAction)genderButtonPressed:(id)sender {
}
```

4. 뷰 하단의 툴바에 또 다른 액션 버튼을 추가하고, 거기에 액션을 연결한다. 다시 한 번 말하지만, 나중에 구현을 제공할 것이다.

```
-(IBAction)actionButtonPressed:(id)sender {
}
```

앱 델리게이트 설정

앱 델리게이트는 비콘의 모든 기능을 책임지면, CLLocationManager 인스턴스의 호스트(겸 델리게이트)다. 앱 델리게이트 설정을 위해 다음 단계를 고려한다.

1. LIAppDelegate.h를 열어 CoreLocation의 임포트를 추가한다.

```
#import <CoreLocation/CoreLocation.h>
```

2. 앱 델리게이트가 CLLocationManagerDelegate여야 하기에, 인터페이스 선언

이 다음과 같이 보이도록, 인터페이스 선언, 로케이션 매니저 인스턴스, 비콘 리전에 선언을 추가한다.

```
@interface LIAppDelegate : UIResponder
  <UIApplicationDelegate, CLLocationManagerDelegate>
@property (strong, nonatomic) UIWindow * window;
@property (strong, nonatomic) CLLocationManager *
  locationManager;
@property (strong, nonatomic) CLBeaconRegion *
  beaconRegion;
@end
```

3. 뷰 컨트롤러가 "남자"나 "여자"를 모니터링하기 시작하라고 앱 델리게이트의 로케이션 매니저에게 알려줄 방법이 필요할 것이다. 다음 메소드 선언을 추가한다.

```
-(void)startMonitoringForMajor:(NSInteger)major
  minor:(NSInteger)minor{
}
```

4. 커스텀 메소드를 관찰 중이기에, 이제 임플멘테이션을 생성하자. LIAppDelegate. m을 열어, 디폴트 메소드를 모두 제거한다. startMonitoringForMajor:minor: 함수의 메소드 스텁을 생성한다.

```
-(void)startMonitoringForMajor:(NSInteger)major
  minor:(NSInteger)minor {
}
```

5. startMonitoringForMajor:minor: 메소드 내에서, 로케이션 매니저가 있는 지 확인해야 한다. 이 코드를 추가해 CLLocationManager 인스턴스를 생성하고 퍼미션을 요청한다.

```
if (!self.locationManager) {
  self.locationManager = [[CLLocationManager alloc]
    init];
  [self.locationManager requestAlwaysAuthorization];
    self.locationManager.delegate = self;
}
```

6. 다음으로 기존 비콘 리전이 있을 경우, 모니터링을 중단해야 한다. 코드 마지막 행 바로 다음에 이 체크를 추가한다.

```
if (self.beaconRegion) {
  [self.locationManager
    stopMonitoringForRegion:self.beaconRegion];
  [self.locationManager
}
stopRangingBeaconsInRegion:self.beaconRegion];
```

7. 이제 CLBeaconRegion을 생성해야 한다. 이번에는 총칭적인 리전을 사용하지 않고, 뷰 컨트롤러가 요청한 바를 근거로 아주 구체적인 비콘을 찾을 것이다. 이전에 추가한 행 뒤에 리전의 인스턴스화를 추가한다.

```
NSUUID * uuid = [[NSUUID alloc]
  initWithUUIDString:@""B20891ED-02C7-4987-AE14-
  2DB2D759F735""];

// 새 리전 생성
self.beaconRegion = [[CLBeaconRegion alloc]
  initWithProximityUUID:uuid major:major minor:minor
  identifier:@""Hot Date""];
```

8. 아주 중요한 비콘 리전 프로퍼티가 필요하다. 앱이 백그라운드에 있을 때 기기 디스플레이가 켜져 있는지 상관없이 리전의 진출입 시 푸시 알림을 표시하고 싶다. 비콘의 프로퍼티를 설정한 후, CLLocationManager에게 이전 행 바로 다음에 비콘의 모니터링, 범위 찾기를 시작하도록 요청한다. 보통은 locationManager:didEnterRegion 메소드로 실제 리전 내에 있음을 안 후에만, 리전 내 비콘의 범위를 찾기 시작할 것이다. 하지만 이 앱에 대해서는 다른 비콘이 움직이고 있어서, 바로 범위를 찾는다.

```
self.beaconRegion.notifyEntryStateOnDisplay = YES;
self.beaconRegion.notifyOnEntry = YES;
self.beaconRegion.notifyOnExit = YES;

self.locationManager
```

```
[self.locationManager
  startMonitoringForRegion:self.beaconRegion];
[self.locationManager
  startRangingBeaconsInRegion:self.beaconRegion];
```

백그라운드에서 범위 찾기가 불가한 경우

앱이 백그라운드에서 구동 중일 때 비콘 범위 찾기는 별로 소용이 없다. applicationDidEnterBackground, applicationDidBecomeActive를 추가해, 비콘 범위 찾기를 중단, 재개하자.

다음 메소드를 LIAppDelegate.m 파일에 추가한다.

```
-(void)applicationDidEnterBackground:(UIApplication *)
  application {
    if (self.beaconRegion) {
      [self.locationManager
        stopRangingBeaconsInRegion:self.beaconRegion];
    }
}

-(void)applicationDidBecomeActive:(UIApplication *)
  application {
    if (self.beaconRegion) {
      [self.locationManager
        startRangingBeaconsInRegion:self.beaconRegion];
    }
}
```

리전의 진출입

백그라운드에 있을 때 비콘 모니터링의 시작과 중단을 처리했는데, 남은 일은 앱이 리전에 진출입할 때 로컬 알림을 보내는 것인데, 단 앱이 백그라운드에서 구동 중일 경우만이라는 뜻이다.

사용자 검색(남자, 여자)에 관한 메시지와 함께 로컬 알림을 제시하고자 하니, 현재 리전의 메이저 값으로 이를 결정해야 할 것이다. 리전 진출입을 위해 다음 단계를 고려한다.

1. `locationManager:didEnterRegion:` 델리게이트 메소드를 앱 델리게이트에 추가한다.

```
-(void)locationManager:(CLLocationManager *)manager
  didEnterRegion:(CLRegion *)region {

    if ([[UIApplication sharedApplication]
      applicationState] == UIApplicationStateBackground) {

        UILocalNotification * notification =
          [[UILocalNotification alloc] init];
        if ([self.beaconRegion.major intValue] == 1) {
          notification.alertBody = @""A hot gal is
            nearby"";
        }
        else {
          notification.alertBody = @"A hot guy is
          nearby";
        }
        notification.soundName =
          UILocalNotificationDefaultSoundName;
        notification.applicationIconBadgeNumber = 1;
        [[UIApplication sharedApplication]
            presentLocalNotificationNow:notification];
    }
}
```

2. 마찬가지로 리전에서 진출할 때, 데이트 상대를 놓쳤다고 알려주기 위한 알림을 보내고자 한다. `locationManager:didExitRegion:` 메소드를 앱 델리게이트에 추가한다.

```
-(void)locationManager:(CLLocationManager *)manager
  didExitRegion:(CLRegion *)region {

    if ([[UIApplication sharedApplication]
      applicationState] == UIApplicationStateBackground) {

        UILocalNotification * notification =
            [[UILocalNotification alloc] init];
```

```
            notification.alertBody = @"You've lost track of
                the hot date";
            notification.soundName =
                UILocalNotificationDefaultSoundName;
            notification.applicationIconBadgeNumber = -1;
            [[UIApplication sharedApplication]
                presentLocalNotificationNow:notification];
        }
    }
```

뱃지의 정리

locationManager:didEnterRegion 델리게이트 메소드에서 뱃지와 함께 로컬 알림을 제시했음을 눈치챘는가? 아이폰에서 모든 뱃지를 정리하는 데 꽤 집착하는 편인데, 나만 그렇지는 않을 것이다.

application:didFinishLaunchingWithOptions: 메소드를 추가해 이 짜증나는 뱃지들을 정리하자.

```
- (BOOL)application:(UIApplication *)application
  didFinishLaunchingWithOptions:(NSDictionary *)launchOptions
  {
      [UIApplication sharedApplication].applicationIconBadgeNumber = 0;
      return YES;
}
```

비콘의 범위 정하기

마지막으로 비콘의 범위를 정해야 하며, 그때 뷰 컨트롤러에게 비콘이 거리가 변했음을 알려줄 방법이 필요하다. 그러기 위해, NSNotificationCenter와 DistanceUpdated라는 커스텀 알림을 사용할 것이다. 커스텀 알림을 보낼 때, 비콘 자체를 오브젝트로 넘길 텐데, 곧 구현할 뷰 컨트롤러의 옵저버 메소드에서 선택할 것이다.

locationManager:didRangeBeacons:inRegion 델리게이트 메소드를 앱 델리게이트에 추가한다.

```
-(void)locationManager:(CLLocationManager *)manager
  didRangeBeacons:(NSArray *)beacons inRegion:
  (CLBeaconRegion *)region
  {
    if ([beacons count] == 0) return;

    CLBeacon * beacon = [beacons firstObject];

    [[NSNotificationCenter defaultCenter]
      postNotificationName:@""DistanceUpdated"" object:beacon];
}
```

뷰 컨트롤러의 구현

앱 델리게이트를 마쳤고, 뷰 컨트롤러 메소드 중 대부분의 메소드 스텁을 확보했다. 상황이 아주 좋다. 이제 몇 가지 뷰 컨트롤러 기능만 구현하면 될 것이다.

뷰의 초기화

뷰의 배경으로 멋진 그라데이션 핑크색 이미지를 쓸 것이다. 앱이 처음 로딩될 때, 사용자는 설정을 선택하지 않으니, highlightView를 숨기고, distanceBarButtonItem 컨트롤에 디폴트 이미지를 설정한다.

뷰의 초기화에 다음 단계를 고려한다.

1. Background.png 이미지를 프로젝트에 추가한다.

2. 이어서 LIViewController.m 파일의 viewDidLoad: 메소드에 다음 코드를 추가해, 뷰 컨트롤을 초기화한다.

```
self.view.backgroundColor = [UIColor
  colorWithPatternImage:[UIImage
  imageNamed:@"Background.png"]];
[self.distanceBarButtonItem setTitle:@"Not searching"];
[self.highlightView setHidden:YES];
```

3. 메모리 제약 하에 앱은 그 메모리를 다시 요구했을 수도 있다. 뷰가 로딩될 때

앱 델리게이트에 비콘 리전이 있는지 확인해야 하며, 그 경우 뷰 설정을 위해 버튼 누르기를 시뮬레이션한다. 일단 LIViewController.m 위에 앱 델리게이트에 임포트를 추가한다.

```
#import "LIAppDelegate.h"
```

4. 이어서 다음 코드를 viewDidLoad 메소드 끝에 추가한다.

```
LIAppDelegate * delegate = (LIAppDelegate*)
  [UIApplication sharedApplication].delegate;

if (delegate.beaconRegion) {
  if ([delegate.beaconRegion.major intValue] == 1) {
    [self genderButtonPressed:self.galButton];
  }
  else {
    [self genderButtonPressed:self.guyButton];
  }
}
```

5. 레이블 값을 설정해, 뷰가 처음 나타날 때, 정리도 해야 한다. 다음 viewDidAppear: 메소드를 추가한다.

```
-(void)viewDidAppear:(BOOL)animated {
  [super viewDidAppear:animated];
  [self.distanceBarButtonItem setTitle:@"Not searching"];
}
```

비콘 거리 받기

앱 델리게이트가 비콘 로케이션과 범위 결정을 책임지며, DistanceUpdated라는 커스텀 알림으로 이 정보를 보낸다는 점을 잊지 말자. 비콘 거리 받기를 위해 다음 단계를 고려한다.

1. LIViewController.m에 새 옵저버 메소드를 추가한다. 이 메소드는 비콘 범위 이벤트를 허용하며, 거리 바 버튼 항목의 이름이 지니는 정확도 프로퍼티를 사용할 것이다.

```
- (void) receiveDistance:(NSNotification *) notification
{
  CLBeacon * beacon = notification.object;
  self.distanceBarButtonItem.title = [NSString
    stringWithFormat:@"%.2fm", beacon.accuracy];
}
```

2. viewDidLoad 메소드에 몇 행을 추가해 커스텀 알림을 관찰한다.

```
[[NSNotificationCenter defaultCenter] removeObserver:self];
```

```
[[NSNotificationCenter defaultCenter] addObserver:self
  selector:@selector(receiveDistance:)
  name:@"DistanceUpdated" object:nil];
```

성별의 선택

genderButtonPressed: 메소드를 채울 때다. 그 안에서 남자나 여자 버튼이 눌렸는지 확인한 후, 앱 델리게이트에게 관련 메이저, 마이너 값의 모니터링을 시작해야 한다.

주어진 단계를 따라 선택된 버튼 아래 두기 위해 하이라이트 뷰 프레임도 설정해야 한다.

1. 다음 코드처럼 보이도록 genderButtonPressed: 메소드를 완성한다.

```
- (IBAction)genderButtonPressed:(id)sender {
  [self.distanceBarButtonItem setTitle:@"Searching..."];
  [self.highlightView setHidden:NO];

  LIAppDelegate * delegate =
    (LIAppDelegate*)[UIApplication
    sharedApplication].delegate;

  CGRect highlightFrame = self.highlightView.frame;

  int major = 0;

  if (sender == self.guyButton) {
    major = 2;
```

```
        highlightFrame.origin.x =
          self.guyLabel.frame.origin.x +
          (self.guyLabel.frame.size.width*.5) -
          (highlightFrame.size.width*.5);
    }
    else {
      major = 1;
      highlightFrame.origin.x =
        self.galLabel.frame.origin.x  +
        (self.galLabel.frame.size.width*.5) -
        (highlightFrame.size.width*.5);
    }

    self.highlightView.frame = highlightFrame;

    [delegate startMonitoringForMajor:major minor:1];
}
```

2. 코드 중 다음 행은 프레임이 guyLabel의 중간에 위치하도록 설정한다.

```
highlightFrame.origin.x = self.guyLabel.frame.origin.x  +
  (self.guyLabel.frame.size.width*.5) -
  (highlightFrame.size.width*.5);
```

패스북 패스의 추가

마지막으로 actionButtonPressed 메소드를 구현해 패스를 패스북에 추가한다.
다음 단계를 실행한다.

1. 다운로드한 리소스에서 hotdate.pkpass 파일을 프로젝트에 추가한다.

2. LIViewController.m 파일 위에 임포트 선언을 추가해 PassKit을 추가한다.

```
#import <PassKit/PassKit.h>
```

3. 마지막으로 actionButtonPressed 메소드에 임플멘테이션을 추가한다. 메소
드는 새 PKAddPassesViewController를 제시해야 하는데, 뷰 컨트롤러를 제
시해, 사용자에게 패스를 패스북에 추가하게 해준다.

```
- (IBAction)actionButtonPressed:(id)sender {
  NSString * filePath = [[NSBundle mainBundle]
    pathForResource:@"hotdate" ofType:@"pkpass"];

  NSData * fileData = [NSData
    dataWithContentsOfFile:filePath];

  PKPass * hotDatePass = [[PKPass alloc]
    initWithData:fileData error:nil];

  PKAddPassesViewController * vc =
    [[PKAddPassesViewController alloc]
    initWithPass:hotDatePass];

  [self presentViewController:vc animated:YES
    completion:nil];
}
```

애플리케이션의 테스트

앱 구축을 완료했으니, 테스트할 시간이다. 이 튜토리얼에 코드가 많으니, 처음에는 작동하지 않더라도 상심하지 않는 편이 좋다.

비콘의 테스트

무엇이 잘못됐는지 보기 위해 그냥 단계마다 거치거나, 다운로드 리소스에서 전체 코드를 검토한다. 다음 단계를 활용하자.

1. 기기의 홈 버튼을 눌러 앱을 백그라운드로 보내기 전에 guyButton을 태핑한다.

2. 이제 OS X 컴패니언 앱으로 Chapter 5: The hot guy라는 비콘을 곧 나올 그림에 보이는 대로 시작한다. 푸시 알림으로 제시받아야 한다.

3. 앱을 시작하면, distanceBarButtonItem에서 업데이트 중인 거리가 보여야 한다.

4. 컴패니언 앱의 비콘을 *끄*기 전에 홈 버튼을 다시 누른다.

5. 진출 리전 이벤트가 시작하기까지 15초를 기다리면, 다시 리전을 진출했다는 다른 푸시 알림을 제시받아야 한다.

6. 여자에 대해 1부터 5단계를 수행한다.

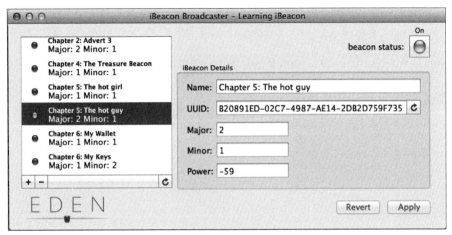

▲ 컴패니언 애플리케이션의 구동

패스북 패스의 테스트

패스북 패스의 테스트는 단순하다. Action 버튼을 누르며 시작한다. 패스를 패스북에 추가하게 해주는 뷰 컨트롤러를 제시받아야 한다. 그러면 추가하면 된다.

마지막으로 기기를 잠근 후, 컴패니언 앱에서 비콘 프로필을 켜기 전에 잠금 화면을 연다. 잠금 화면은 아이비콘을 활용한 잠금 화면의 페스북 패스 표시 그림과 같이 보여야 한다. 알림에서 슬라이드할 때, 기기 잠금을 해제할 필요 없이 패스가 제시된다.

정리

축하한다. 이제 아이비콘 전문가다. 이 장에서는 `CLBeaconRegion`과 그 프로퍼티에 대한 지식을 완성했는데, `notifyEntryStateOnDisplay`, `notifyOnEntry` 등 백그라운드 행동에 영향을 준다.

리전에 진입할 때 앱을 OS가 활성화할 경우의 기능 제약, 백그라운드에서 비콘 범위를 정하지 말아야 하는 이유를 논했다.

아이비콘으로 잠금 화면의 전면에 패스북 패스를 끌어올리는 법도 발견했다.

다음 장은 리전을 떠날 때 할 일의 지식을 넓히며, 홈 오토메이션과 그 분야에서 아이비콘이 지니는 암시적 의미를 논할 것이다.

6

리전의 이탈과 분실 방지

지금까지 대체로 정적인 비콘에서 기기가 리전에서 진입할 때의 기능 트리거를 논했다. 하지만 항상 그런 경우만 있지는 않을 것이다. 결국 비콘은 주변에서 쉽게 포팅할 수 있는 작은 블루투스 기기다.

아이비콘 기술이 흥미로운 기회를 제공하는 영역 중 하나는 홈 오토메이션이다. 라스베리 파이(http://www.raspberrypi.org/) 등 아주 저렴한 컴퓨팅 전력, 킥스타터로 자금을 조달한 닌자 블록(https://ninjablocks.com/) 등의 혁신적 프로젝트는 IoT에 관심을 두는 사람들의 커뮤니티가 성장하고 있다는 의미다.

비콘은 세상의 공간에 대한 프록시미티를 근거로 기능을 트리거할 훌륭한 기회를 제공할 뿐 아니라, 비콘이 오프라인 공간에 고정될 필요가 없기에 범위에 항목이 진입할 때 알림과 기능을 트리거하게 해주기도 한다.

나처럼 어디를 가든 휴대할 물건이 서너 개 있을 것이다. 내게는 지갑, 집 열쇠, 매일 사무실에 함께 가는 보스턴 테리어 스티치다. 이것들이 근처에 없을 때 알림을 받으면 아주 좋지 않겠는가?

이 장은 다음을 학습할 것이다.

- 백그라운드 모드로 백그라운드에서 비콘 범위 결정을 허용하는 방법
- 앱이 백그라운드에서 구동 중일 때, 비콘이 2미터 이상 떨어질 경우 기능을 트리거하는 법
- 홈 오토메이션에서의 아이비콘 활용

착수 전에 홈 오토메이션을 아이비콘 구현의 놀라운 주제로 만드는 다른 기술 몇 가지를 다루자.

라스베리 파이

라스베리 파이는 HDMI를 통해 고해상도 디스플레이를 산출하고, USB와 이더넷 인터페이스를 포함하는 신용카드 크기의 컴퓨터다. 데스크탑 컴퓨터에게 기대할 만한 모든 일을 하며, 해킹 가능한 회로도 있다.

모델 A는 소매가가 25달러에 B+는 소매가가 35달러라서, 놀랍고도 해킹 가능하면서도 저렴한 데다 무엇보다도 접근성 있는 작은 기기다. 라스베리 파이는 아마추어 프로그래머를 자극해, 본격적인 홈 오토메이션 프로젝트로 유도했다.

라스베리 파이 재단 블로그(http://bit.ly/pi-ha)에서 최신 라스베리 파이 홈 오토메이션 프로젝트를 확인할 수 있다.

닌자 블록

닌자 블록은 물리적 세계를 월드와이드웹www과 연결하려는 의도의 킥스타터 프로젝트로 출발했다. 킥스타터 펀딩은 그 초기 크라우드소싱 목표를 훌쩍 넘어 그 후로 닌자 블록 기기를 수천 대 배송했다.

플랫폼은 이펙터와 액튜에이터를 이용해 단순한 IFTTT 스타일의 태스크로 제어
된다. 이펙터와 액튜에이터 모두 물리적 세계, 가상의 세계로 구성될 수 있는데,
문을 열어 도어 센서를 트리거할 때 트위터에 포스트 등을 올리거나, 드랍박스에
파일을 업로드할 때 라바램프를 켤 수 있다는 뜻이다.

닌자 블록에 관해서는 http://bit.ly/ninja-blocks의 공식 사이트에서 더 자세히
알아볼 수 있다.

네스트

네스트 프로젝트는 집의 중앙 난방 시스템을 제어하고, 집에 없을 때 에너지를 절
약하면서도 집 온도를 항상 최적이도록 보장하기 위해 습관을 학습하는 학습형 온
도계다.

네스트는 최근 구글이 인수했는데, 오픈 플랫폼 API를 유지해 프로그래머에게 계
속해서 함께 작동하는 솔루션을 구축하게 해준다.

네스트 API에 관해서는 http://bit.ly/nestapi의 네스트 개발자 사이트에서 더 자
세히 알아볼 수 있다.

필립스 휴

필립스 휴는 네트워크 기반의 가정용 조명 시스템이다. 휴 LED 전구로 가정 내 전
구를 모두 교체해, 휴 브릿지를 가정 내 모든 전구의 컨트롤 허브로 설정하면, 선
택하는 어떤 요인에 따라서도 완벽히 개인화 기반인 색조 조명이 생긴다. 조명색
을 적색으로 바꿔서 영화 중간에 끔찍한 공포 영화에 맞추는 한편, 아주 아늑히 목
욕을 즐길 수 있게 욕실 조명을 푸르게 할 수 있다.

개발자 API로 HTTP 포스트를 통해 전구 설정을 트리거할 수 있는데, 웹 후크로
어떤 조명 상황을 원하든 자동화할 수 있다는 뜻이다. 즐겨보는 뉴스 채널에서 속

보가 나오면 반짝이는 적색 조명을 트리거할 수도 있고, 트위터에서 멘션이 있으면 거실을 파랗게 조명할 수 있다.

http://bit.ly/dev-hue의 개발자 웹사이트에서 휴 API에 관해 더 자세히 알아볼 수 있다.

벨킨 위모

벨킨 위모 스위치는 콘센트에 직접 꽂고, 본관 전력의 기기를 꽂을 수 있는 프로그래밍 가능한, 와이파이 기반의 전기 스위치다. 벨킨의 와이파이 가능한 위모 스위치로 어디서든 전자 기기를 켜고 끌 수 있다. 위모 스위치는 기존 가정용 와이파이 네트워크로 TV, 램프, 오디오, 히터, 팬 등을 무선으로 제어하게 해준다.

위모 API에 관해서는 http://bit.ly/devwemo의 개발자 사이트에서 더 자세히 알아볼 수 있다.

아이비콘과 홈 오토메이션

아이비콘이 이 모든 놀라운 프로젝트 중 어디에 맞는지 자문하다가 어디든 가능하다는 답을 얻을지도 모른다! 이 모든 프로젝트가 그렇게 놀라울 정도로 성공한 이유는 오픈 플랫폼이었기 때문인데, 아이폰, 아이패드가 있는 iOS 개발자는 세상을 다 가졌다는 뜻이다.

내 회사 이든 에이전시의 팀은 IoT로 이것저것 해보기를 좋아한다. 앱 개발자 팀이기에, 해킹 가능하다면 뭐든 해킹하기를 주저하지 않는데, 운좋게도 홈 오토메이션에서 파장을 일으킨 많은 기술을 다뤄봤다는 뜻이다.

기기들 간의 인터페이싱을 단순화하기에 하드웨어 중 훌륭한 미들웨어 부분은 닌자블록이다. 닌자블록을 이용해 자동으로 벨킨 위모 기기와 필립스 휴 기기를 웹훅 등 어떤 트리거를 위해서든 액튜에이터로 연결할 수 있다.

웹 후크를 설정해, 아이폰에서 단순한 HTTP 포스트 요청을 통해 비콘 범위에 진입할 때 효과적으로 가정 내 인터랙션을 트리거할 수 있다. 닌자 블록 하나로 커피머신을 켜고, 조명을 아늑하게 설정하며, 사무실에서의 고된 하루 끝에 거리를 드라이브할 때 음악 재생을 시작할 수 있다.

이 단순한 단계들을 따라 간단한 웹 후크와 커스텀 OS 앱으로 완료할 수 있다.

1. 차고 문에 위치한 비콘의 리전에 진입한다. 이 비콘은 브로드캐스트 범위가 70미터니, 아이폰은 거리 끝에서 리전을 선택한다.

2. 앱은 OS에서 오픈하고, `locationManager:didEnterRegion` 메소드는 `CLLocationManagerDelegate` 인스턴스에서 호출된다.

3. 델리게이트 메소드는 닌자 블록의 인바운드 웹 후크에 HTTP 포스트 요청을 보낸다.

4. 웹 후크는 닌자 블록 룰을 트리거한다. 이 룰은 동시에 다음 액션을 트리거한다.

    1. 커피머신에 붙어 있는 벨킨 위모를 켠다.

    2. 오디오에 붙어 있는 벨킨 위모를 켠다.

    3. 조명을 푸르게 설정하기 위해 필립스 휴의 거실, 부엌 엔드포인트에 거실과 부엌에 RGB 값 135, 206, 250을 보낸다.

닌자 블록으로 한 가지 단순한 룰을 설정하고, HTTP 요청을 보내는 코드 몇 행만 작성하면 달성 가능하다.

비콘 스티커

수많은 회사가 현재 비콘 스티커를 개발 중이라서, 비콘이 정적이며, 사용자가 변화 무쌍한 위치에 있다는 생각을 전환시켜, 현실 세계의 사물이 움직일 수 있고, 기기는 움직이는 기기를 근거로 기능을 트리거할 수 있다 생각하기에 이르렀다.

예를 들어 사이클 트래커 앱을 사용하는 아이폰으로 자전거를 타고 간 장소 모두를 추적하고 싶다 생각해보자. 앱은 버스, 조깅, 자전거 중 무엇을 타는지 구별하지 못하기에, 자전거를 탈 때 알려주도록 의존할텐데, 적어도 한 번은 잊을 가능성이 있다.

자전거에 붙은 비콘 등 아주 작은 스티커가 있다면 생각할 필요도 없이 자전거를 탈 때 여정을 자동으로 시작할 수 있다.

Estimote와 Jaalee는 정확히 내가 방금 설명한 목적으로 비콘 등의 스티커를 정돈한 두 업체다. Estimote Nearable 비콘은 온도, 가속도 데이터 등 추가 기능을 제공하는 반면, Jaalee ES003 모델은 전자기 에너지 하베스팅으로 인해 더 긴 배터리 수명도 뽑낸다.

비콘 스티커는 사용자보다 사물의 지리적 위치를 요하는 경우에 완벽한 솔루션이다.

튜토리얼

비콘 프로필을 로컬 데이터베이스에 추가하게 해주는 앱을 구축해 이 스티커 유형의 기능을 입증할 것이며, 비콘이 2미터 이상 떨어져 있을 때, 앱은 푸시 알림을 보여준다.

컴패니언 앱은 이미 잊을 수 있는 중요한 것들의 비콘 프로필을 세 개 포함하는데, 다음 표에 열거한다.

UUID	메이저	마이너	
C5FAC3DE-33D5-469C-B094-AD527AF3ECCD	1	1	My wallet
		2	My keys
		3	My dog

앱 뒤에 숨은 생각은 중요한 것은 무엇이든 결코 두고가지 않는다는 것이다. 즉 앱이 활성화되지 않고 비콘이 범위 밖으로 나가거나, 비콘를 잃어버릴 때 앱이 구동 중인 경우 경고를 제시하면 알림을 보내야 한다는 뜻이다.

백그라운드의 비콘 범위 결정

모든 비콘이 같은 UUID를 공유하기에, `locationManager:didExitRegion` 델리게이트 메소드에만 의존할 수 없다. 세 중요한 것들 중 둘만 가지고 왔어도 여전히 리전에 있을 것이기에, 뭔가 놔두고 왔다면 알림을 받을 수 있다기 때문이다! `locationManage r:didRangeBeacons:inRegion` 델리게이트 메소드에 의존해 비콘을 잃어버렸을 때 우리에게 알려줘야 할 것이다.

"잠깐, 백그라운드의 비콘 범위 결정이 불가능하다고 4장에서 말하지 않았던가요?" 나도 안다.

기술적으로 백그라운드의 비콘 범위 결정은 불가능하다. 리전 진출입 시 앱을 활성화할 수 있지만, 앱은 이 델리게이트 메소드에 의해 포어그라운드로 들어온다. 앱이 다시 슬립으로 돌아가기 전까지 4, 5초의 시간만 있을 것이다. 이 시점에 `locationManager:didRangeBeacons:inRe gion` 메소드는 구동이 중단된다.

백그라운드 모드를 이용한 로케이션 추적

어떤 상황에서는 구글 지도나 Waze 앱처럼 포어그라운드에 있을 필요 없이 길 안내를 제공하는 네비게이션 앱처럼 백그라운드에서 로케이션을 추적하고 싶을 수 있다. 이 시나리오에서 애플은 친절히도 백그라운드 모드를 제공하는데, 엄밀히 말해 아이비콘 구현 의도는 아니다.

엑스코드 프로젝트의 Capabilities 탭에 있는 Background Modes 옵션에서 Location updates 옵션을 체크해, 컴퓨터에게 앱이 백그라운드에서 계속 구동하기 위해 추가 퍼미션이 필요함을 컴파일러에게 알려준다. 다음 스크린샷에서 볼 수 있다.

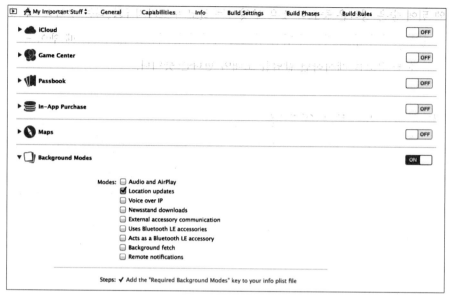

▲ 백그라운드 모드에서 활성화된 로케이션 업데이트

로케이션 업데이트를 켜도, 여전히 백그라운드에서 범위를 정한 비콘을 수신할 수 없을 것이다. 엄밀히 말해, 이 옵션은 아이비콘 구현 의도가 아니기 때문이다.

시스템의 치팅

범위가 결정된 비콘 정보를 백그라운드에서 수신하려면, 치팅이 필요하다. 백그라운드에서 구동이 허용되는 CLLocationManager의 전통적인 로케이션 메소드 중 하나를 사용해야 한다(startUpdatingLocation). 일단 startUpdatingLocation을 호출한 후, 로케이션 매니저는 이미 로케이션을 추적 중이고, 앱을 백그라운드에서 계속 구동시키므로, locationManager:didRangeBea cons:inRegion 델리게이트 메소드에서 범위를 정한 비콘의 정보도 동시에 수신 중이다.

 앱 스토어를 통해 출시할 상용 앱에서 이 기법을 사용하려 한다면, 그 리뷰가 이뤄지지 않으리라 거의 장담할 수 있다. 애플은 배터리를 닳게 하는 앱은 받지 않으니, 사용자 로케이션을 요구하는 기능 없이 로케이션을 지속적으로 추적하기에, 리뷰는 통과하지 못할 것이다.

앱의 구축

"중요한 물건" 앱을 구축하며 시작하자. 중요한 물건의 목록을 저장하기 위해 핵심 데이터를 사용할 텐데, 다행히 애플은 아주 멋진 템플릿을 제공해 출발을 도울 것이다. 다음 단계를 따른다.

1. 엑스코드를 열어 새 프로젝트를 생성한다. 이번에는 프로젝트 템플릿으로 **Master-Detail Application**을 선택하고, 프로젝트를 My Important Stuff이라 부른다. 이 튜토리얼의 의존도가 아주 높기에, 반드시 **Use Core Data** 옵션을 체크해야 한다.

2. `CoreLocation`이 필요할 것이다. 그래서 이전 장들에서 완료한 링크 걸린 프레임워크와 라이브러리에 추가한다.

데이터베이스 스키마로 앱 시작

앱을 지원할 때 필요한 데이터베이스로 시작하자. 로케이션 매니저가 무엇이 빠져있는지 알도록 로컬 데이터베이스 내에 비콘 모두를 저장해야 할 것이다. 멋지고 깔끔한 코드를 망치지 않도록 템플릿이 생성한 디폴트 엔티티도 모두 제거해야 할 것이다. 다음 단계를 고려한다.

1. My_Important_Stuff.xcdatamodel 파일을 연다. 이 파일은 데이터베이스의 메타 설명문을 포함한다.

2. 디폴트로 생성된 Event 엔티티를 삭제하고, Beacon이라는 새 엔티티를 추가한다.

3. 이 다음과 같이 세 개의 새 애트리뷰트를 추가한다. 모델은 다음 스크린샷과 같아 보여야 한다.

   ○ **major**: Integer 16

   ○ **minor**: Integer 16

   ○ **name**: String

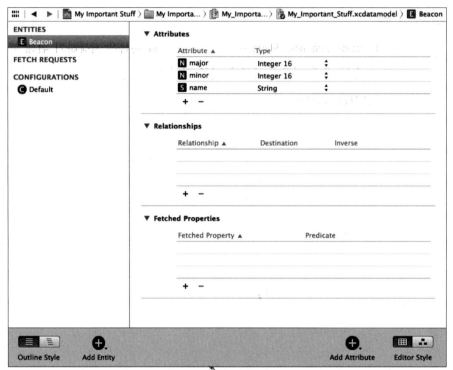

▲ 비콘 모델 임플멘테이션

약간의 도움을 활용

LIMasterViewController, LIDetailViewController 모두에 걸쳐 어떤 중복 기능을 수행할 테니, 이를 헬퍼 클래스에서 공유해도 의미가 있다.

헬퍼 클래스는 다음 메소드를 필요로 한다.

- +(NSString*)proximityStringForBeacon:(CLBeacon*)beacon: 이 메소드는 Near, Far 등 기기로부터의 거리를 나타내는 문자열을 리턴한다.

- +(NSString*)stringForBeacon:(CLBeacon*)beacon: 이 메소드는 major:minor:proximity 포맷으로 비콘을 나타내는 문자열을 리턴하며, 비콘들을 비교할 때 사용한다.

- +(NSArray*)beaconsNearbyForBeacons:(NSArray*)beacons: 이 메소드는 CLProximityNear나 CLProximityImmediate의 프록시미티 스테이터스가 있는 것들로만 비콘 어레이를 필터링한다.

이 메소드들을 추가하기 위해, 주어진 단계를 따른다.

1. 새 Objective-C 클래스와 NSObject라는 서브클래스를 생성한다. 이 클래스의 이름을 LIBeaconHelper라 한다.

2. LIBeaconHelper.h를 열어 정적인 메소드 선언을 추가한다.

```
+(NSString*)proximityStringForBeacon:(CLBeacon*)beacon;
+(NSString*)stringForBeacon:(CLBeacon*)beacon;
+(NSArray*)beaconsNearbyForBeacons:(NSArray*)beacons;
```

3. LIBeaconHelper.m을 열어 이 메소드들의 임플멘테이션을 추가한다.

```
+(NSString*)proximityStringForBeacon:(CLBeacon*)beacon {
  NSString * proximity;

  switch (beacon.proximity) {
    case CLProximityFar:
      proximity = @"Far";
      break;
    case CLProximityImmediate:
      proximity = @"Immediate";
      break;
    case CLProximityNear:
      proximity = @"Near";
      break;
    case CLProximityUnknown:
    default:
      proximity = @"Unknown";
      break;
  }
  return proximity;
}
```

```
+(NSString*)stringForBeacon:(CLBeacon*)beacon {
  NSString * proximity = [self
    proximityStringForBeacon:beacon];

  return [NSString stringWithFormat:@"%@:%@:%@",
    beacon.major, beacon.minor, proximity];
}

+(NSArray*)beaconsNearbyForBeacons:(NSArray*)beacons {
  NSArray * nearbyBeacons = [beacons
    filteredArrayUsingPredicate:[NSPredicate
    predicateWithFormat:@"proximity >= %d",
    CLProximityNear]];
  return [NSArray arrayWithArray:nearbyBeacons];
}
```

4. 헬퍼 클래스를 두 번 임포트할 필요가 없도록, 미리 컴파일한 헤더 클래스에 추가하는 편이 가장 좋다. My Important Stuff-Prefix.pch 파일을 열어 임포트를 추가한다.

```
#import "LIBeaconHelper.h"
```

마스터 뷰 컨트롤러 임플멘테이션

다음으로 마스터 뷰 컨트롤러를 구축할 것이다. 이 클래스는 내 비콘 모두와 알려진 경우 그 범위의 목록을 표시할 책임을 질 것이다. 로케이션 매니저 기능의 호스트도 될 것이다. 템플릿이 코어 데이터를 지원하기 위해 LIAppDelegate 클래스 내에 많은 코드를 생성했더라도, 실제로는 사용하지 않을 것이다.

1. LIMasterController.h를 열어 이전 장들에서 했던 대로 CoreLocation에 임포트를 추가한다.

2. 다음과 같이 로케이션 매니저와 리전의 두 가지 새 프로퍼티를 추가한다.

```
@property (strong, nonatomic) CLLocationManager
  *locationManager;
@property (strong, nonatomic) CLBeaconRegion *beaconRegion;
```

3. CLLocationManagerDelegate를 LIMasterViewController 클래스 선언에 추가한다. 이번에는 마스터 뷰가 델리게이트 역할을 할 것이기 때문이다.

4. 프라이빗 프로퍼티가 몇 개 더 필요할 것이다. 로케이션 매니저가 범위를 정한 비콘을 유지하기 위한 프로퍼티 하나, 이어서 사용자에게 물건이 범위 밖에 나갔다 마지막으로 알려줬을 때를 보여주기 위해 또 하나가 필요하다(경고를 너무 많이 보내고 싶지 않기 때문이다).

5. LIMasterController.m을 열어 인터페이스 선언에서 다음의 새 프로퍼티를 추가한다.

```
@property (strong, nonatomic) NSArray *beacons;
@property (strong, nonatomic) NSDate *lastNotification;
```

뷰 컨트롤러의 설정

viewDidLoad 메소드는 로케이션 매니저와 리전을 설정하도록 요구하며, 비콘 범위 정하기를 위해 호출 지점도 될 것이다. 다음 단계를 고려한다.

1. viewDidLoad 메소드 내에서 [super viewDidLoad] 호출 바로 다음에 다음 코드를 추가해 기존 로케이션 매니저를 모두 정돈한다.

```
// 로케이션 매니저 재시작
if (self.locationManager) {
  [self.locationManager
    stopMonitoringForRegion:self.beaconRegion];
  [self.locationManager stopUpdatingLocation];
  [self.locationManager
    stopRangingBeaconsInRegion:self.beaconRegion];
}
```

2. 이제 로케이션 매니저를 생성해 퍼미션을 요청해야 한다. 관련 리전도 설정해 비콘들의 모니터링도 시작해야 한다. 추가한 마지막 코드 바로 뒤에 다음 코드를 추가한다.

```
self.locationManager = [[CLLocationManager alloc] init];
self.locationManager.delegate = self;
 [self.locationManager requestAlwaysAuthorization];
self.beaconRegion = [[CLBeaconRegion alloc]
  initWithProximityUUID:[[NSUUID alloc]
  initWithUUIDString:@"C5FAC3DE-33D5-469C-B094-
  AD527AF3ECCD"] identifier:@"My Stuff"];
 [self.locationManager
  startRangingBeaconsInRegion:self.beaconRegion];
```

3. 백그라운드에서 비콘의 범위를 정할 수 있도록 보장하기 위한 해킹을 기억하는가? 로케이션을 업데이트하기 위해 로케이션 매니저에 호출을 추가한다.

```
[self.locationManager startUpdatingLocation];
```

4. 사용자 로케이션을 지속적으로 받고도 실제로는 사용 중이지 않기에, 가능한 한 배터리에 효율적이게 만들어야 한다. 그러기 위해, 아주 큰 리전에 맞춰 로케이션 매니저에 기대하던 정확도를 설정할 수 있는데, 그러면 GPS 활용이 줄어들며, 궁극적으로 배터리 수명이 늘 것이다.

```
self.locationManager.desiredAccuracy =
  kCLLocationAccuracyThreeKilometers;
```

코어 데이터 프레임워크에서 데이터 페칭

코어 데이터는 기기에 저장된 로컬 데이터베이스로 쉽게 데이터를 꾸준히 사용할 방법을 제공한다. 코어 데이터를 사용할 때, 애플리케이션 개발자로서 오브젝트 그래프 맵핑을 정의해, 단지 데이터의 저장 방식만 선택하면 된다. 코어 데이터는 이어서 데이터베이스 스키마 관리의 복잡성을 처리하고, 개발자는 엔티티 설명문과 아주 간단한 쿼리로 데이터를 관리한다.

코어 데이터를 사용하면 지속적인 데이터 저장의 구현법을 선택할 수 있다. XML일 수도 있고, 아토믹일 수도 있으며, 가장 흔히는 번들링된 SQLite 데이터베이스일 수도 있는데, 이어서 최초 구동 시 애플리케이션 스토리지에 복사된다. 코어 데이터를 더 잘 이해하려면, http://bit.ly/ios-coredata에 있는 애플에서 구할 수 있는 개발자 라이브러리 문서에 훌륭한 기사가 있다.

 XML은 iOS의 데이터 저장으로 사용할 수 없지만, OS X의 앱 개발 시 코어 데이터 옵션으로 포함된다.

코어 데이터가 있는 마스터 디테일 애플리케이션 템플릿은 디폴트로 Events의 단일 테이블을 사용한다. 이미 모델에서 Event 엔티티를 제거했고, Beacon 엔티티로 대체했지만, 이제는 앱이 다시 풀_pull한 것이 예상한 바와 같도록 보장해야 한다. 다음 단계를 고려한다.

1. fetchedResultsController 메소드로 스크롤해 내려가 NSEntityDescription을 생성하는 행을 찾는다. 다음과 같아야 한다.

```
NSEntityDescription *entity = [NSEntityDescription
  entityForName:@"Event"
  inManagedObjectContext:self.managedObjectContext];
```

2. 다음과 같도록 이 행에서 엔티티 명으로 대체한다.

```
NSEntityDescription *entity = [NSEntityDescription
  entityForName:@"Beacon"
  inManagedObjectContext:self.managedObjectContext];
```

3. 템플릿은 소트 디스크립터를 생성했는데, timeStamp를 근거로 결과를 소팅한다. 비콘의 메이저, 마이너 값으로 데이터베이스 결과를 소팅하고자 한다. NSSortDescriptor 선언을 자체적인 코드로 대체한다.

```
// 적절히 소트 키를 편집
NSSortDescriptor *majorSortDescriptor = [[NSSortDescriptor
  alloc] initWithKey:@"major" ascending:YES];
NSSortDescriptor *minorSortDescriptor = [[NSSortDescriptor
  alloc] initWithKey:@"minor" ascending:YES];
NSArray *sortDescriptors = @[majorSortDescriptor,
  minorSortDescriptor];
```

테이블 셀의 설정

테이블 셀은 메이저, 마이너 값과 비콘 명을 나타내야 하며, 현재 프로토타입 셀은 비콘 데이터를 제시할 여유가 별로 없는 기본 스타일이다.

1. Main.storyboard 파일을 열어 MasterViewController 뷰를 찾는다. **Attributes Inspector** 내에서 프로토타입 셀을 선택해 그 스타일을 Left Detail로 바꾼다.

2. 이제 Left Detail 스타일이 프로토타입 셀 내에 있으니, 비콘 데이터를 표시하기 위해 textLabel, detailTextLabel 프로퍼티를 모두 활용할 수 있다. configureCell:atIndexPath: 메소드로 스크롤해 내려가 그 현재 임플멘테이션 바디를 제거한다.

3. 일단 인덱스 패스의 코어 데이터에서 관리되는 오브젝트가 필요하다. 다음 행을 추가한다.

```
NSManagedObject *object = [self.fetchedResultsController
    objectAtIndexPath:indexPath];
```

4. detailTextLabel로 비콘 메이저, 마이너, 네임 값을 major:minor - name 포맷으로 표시할 것이다. 예를 들어 내 개에 부착한 비콘은 1:3 - My Dog 포맷을 취할 것이다. 다음 행을 추가해 관리되는 오브젝트 프로퍼티로부터 셀 텍스트를 설정한다.

```
cell.detailTextLabel.text = [NSString
    stringWithFormat:@"%@:%@ - %@", [object
    valueForKey:@"major"], [object valueForKey:@"minor"],
    [object valueForKey:@"name"]];
```

5. textLabel 프로퍼티는 헬퍼 메소드로 기기로부터의 현재 거리를 표시할 것이다. 거리를 알아내기 위해 로케이션 매니저로 범위를 정한 관련 비콘이 있는지 알아내야 할 것이다. 그렇지 않다면, "Unknown"을 표시해야 할 것이다. 비콘들을 통해 루핑하기 위해 코드를 추가하고, 앱이 관리되는 오브젝트의 로케이션을 알 경우 값을 설정한다.

```
    for (CLBeacon * beacon in self.beacons) {
        int major = [[object valueForKeyPath:@"major"]
          intValue];
        int minor = [[object valueForKeyPath:@"minor"]
          intValue];

        if ([beacon.major intValue] == major && [beacon.minor
          intValue] == minor) {
            cell.textLabel.text = [LIBeaconHelper
              proximityStringForBeacon:beacon];
            return;
        }
    }
    cell.textLabel.text = @"Not found";
```

사용자 알림

중요한 물건이 범위에 더 이상 들지 않을 때 사용자에게 알릴 메소드가 필요하다. 앱이 활성일 때, UIAlert을 표시하고 싶고, 앱이 비활성일 때, 로컬 알림을 제시할 것이다.

알림을 보내기 위해 다음 메소드를 추가한다.

```
-(void)notifyUser {
  // 분실물의 문자열 구축
  NSString * message = @"Hey dude, your important stuff
    isn't nearby!";

  if ([UIApplication sharedApplication].applicationState ==
    UIApplicationStateActive) {
      UIAlertView * alert = [[UIAlertView alloc]
        initWithTitle:@"Missing Stuff"
        message:message delegate:nil
        cancelButtonTitle:@"Ok"
        otherButtonTitles:nil, nil];

    [alert show];
  }
```

```
  else {
    UILocalNotification * localNotification =
      [[UILocalNotification alloc] init];
    [localNotification setAlertBody:message];
    [localNotification
      setSoundName:UILocalNotificationDefaultSoundName];
    [[UIApplication sharedApplication]
      presentLocalNotificationNow:localNotification];
  }
}
```

새 오브젝트의 삽입

템플릿은 우리를 위해 insertNewObject 메소드에 결부된 touchUpInside 이벤트가 있는 **add new object** 버튼을 생성했다. 이 메소드는 여전히 timeStamp 프로퍼티를 설정하려 한다. 새 비콘에 디폴트 값을 설정해야 한다.

insertNewObject: 메소드로 스크롤해 [newManagedObject setValue:[NSDate date] forKey:@"timeStamp"]; 행을 다음 코드로 대체한다.

```
[newManagedObject setValue:@"My new beacon" forKey:@"name"];
  [newManagedObject setValue:[NSNumber numberWithInt:1]
    forKey:@"major"];
  [newManagedObject setValue:[NSNumber numberWithInt:1]
    forKey:@"minor"];
```

비콘 범위 결정

마지막 해야 할 주된 일은 마스터 뷰 컨트롤러 내의 비콘 범위 결정이다. 다음 단계를 고려한다.

1. 빈 메소드 스텁을 생성한다.

```
-(void)locationManager:(CLLocationManager *)manager
  didRangeBeacons:(NSArray *)beacons
  inRegion:(CLBeaconRegion *)region {
}
```

2. 새 메소드 내에서 처음 해야 할 일은 헬퍼 메소드로 기기 바로 옆이나 근처에 있는 것으로만 비콘을 필터링하는 것이다. 새 변수를 선언해 범위를 정한 비콘 을 필터링한다.

```
NSArray * nearbyBeacons = [LIBeaconHelper
  beaconsNearbyForBeacons:beacons];
```

3. 사용자에게 너무 많은 경고를 보내고 싶지 않다. 범위 내에 물건이 있지 않을 때 5분마다 알림을 보내고 싶다. 이를 위해 마지막 알림 프로퍼티를 사용할 텐 데, 설정이 안 됐다면, 300초 전(5분)으로 설정할 것이다.

```
if (!self.lastNotification) self.lastNotification =
  [NSDate dateWithTimeIntervalSinceNow:-300];
```

4. 다음으로 비콘이 추출하리라 기대했던 것인지 결정해야 한다. 그렇지 않다면 사용자에게 물건 중 뭔가를 잃어버렸다 알려야 한다.

```
id <NSFetchedResultsSectionInfo> sectionInfo =
  [self.fetchedResultsController sections][0];
int expectedItems = (int)[sectionInfo numberOfObjects];

if (expectedItems != [self.beacons count] &&
  [self.lastNotification timeIntervalSinceNow] < -300)
  {
    [self notifyUser];
    self.lastNotification = [NSDate date];
  }
```

5. 마지막으로 로컬에 저장된 비콘 어레이를 설정해 비콘의 거리를 업데이트할 수 있도록 테이블을 리프레시해야 한다.

```
self.beacons = nearbyBeacons;
  [self.tableView reloadData];
```

디테일 뷰 컨트롤러 구현

디테일 뷰 컨트롤러는 관리된 오브젝트 데이터를 편집할 책임을 진다. 그 유일한 책임은 코어 데이터 데이터베이스내의 네임, 메이저, 마이너 값 설정이다.

마스터 뷰 컨트롤러는 **add** 버튼으로 새 비콘을 생성한다. 어떤 비콘이든 마스터 뷰의 테이블에서 선택할 때, 마스터 뷰 컨트롤러는 관리된 오브젝트를 디테일 뷰 컨트롤러로 넘긴다.

계속해서 디테일 뷰를 생성하기 전에 해야 할 일이 하나 남았다. 마스터 뷰가 다시 나타날 때(디테일 뷰를 철회한 후), 데이터베이스에 변경 사항을 저장해야 한다. 이러면 디테일 뷰가 정말 하는 일은 단지 기존 오브젝트의 세 프로퍼티 설정이다.

1. 다음 메소드를 LIMasterViewController.m에 추가한다.

```
-(void)viewWillAppear:(BOOL)animated {
[self.managedObjectContext save:nil];
}
```

2. 디테일 뷰는 세 필드에 UITextField 프로퍼티가 필요할 것이다. LIDetailViewController.h를 열어 다음 프로퍼티를 추가한다.

```
@property (weak, nonatomic) IBOutlet UITextField
  *majorTextField;
@property (weak, nonatomic) IBOutlet UITextField
  *minorTextField;
@property (weak, nonatomic) IBOutlet UITextField *
  nameTextField;
```

3. 컨트롤러는 이 새 텍스트 필드에 델리게이트도 돼야 한다. 그러니 클래스 선언에 UITextFieldDelegate를 추가해 다음과 같이 보이도록 한다.

```
@interface LIDetailViewController :
  UIViewController<UITextFieldDelegate>
```

뷰의 설정

뷰는 세 레이블이 있는 세 단순한 텍스트 필드가 필요하다. 텍스트 필드마다 레퍼런스로 디테일 뷰 컨트롤러를 설정하고, 이전 단계에서 생성한 대로 관련 프로퍼티에 결부돼야 한다.

다음 스크린샷과 같도록 뷰를 생성한다.

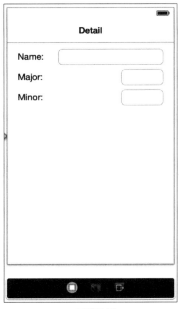

▲ 디테일 뷰

프로퍼티의 확보 및 설정

이전에 사용한 템플릿은 이미 configureView 메소드를 생성해줬다. 바디를 대체해 디폴트 이벤트 항목 대신 비콘 항목을 사용하자.

```
- (void)configureView
{
  if (self.detailItem) {
    self.nameTextField.text = [[self.detailItem
      valueForKey:@"name"] description];
    self.majorTextField.text = [[self.detailItem
```

```
    valueForKey:@"major"] description];
  self.minorTextField.text = [[self.detailItem
    valueForKey:@"minor"] description];
}
```

뷰 컨트롤러가 철회될 때, 텍스트 필드에서 오브젝트까지 다시 값을 설정해야 한
다. 다음 viewWillDisappear의 임플멘테이션을 추가한다.

```
- (void)viewWillDisappear:(BOOL)animated {
  [super viewWillDisappear:animated];

  if (self.isMovingFromParentViewController) {
    NSNumberFormatter * f = [[NSNumberFormatter alloc] init];
    [f setNumberStyle:NSNumberFormatterNoStyle];
    [self.detailItem setValue:self.nameTextField.text
      forKey:@"name"];
    [self.detailItem setValue:[f
      numberFromString:self.majorTextField.text]
      forKey:@"major"];
    [self.detailItem setValue:[f
      numberFromString:self.minorTextField.text]
      forKey:@"minor"];
  }
}
```

입력 검증

메이저, 마이너 값이 int16이 허용할 바보다 크지 않고, 이름에 공백
이 입력되지도 않도록 보장하기 위해 사용자 입력을 검증해야 한다. 다음
UITextFieldDelegate 메소드를 추가해 입력을 검증한다.

```
-(void)textFieldDidEndEditing:(UITextField *)textField {
  if (textField == self.majorTextField || textField ==
    self.minorTextField){
      if ([textField.text intValue] > INT16_MAX) {
        textField.text = [NSString stringWithFormat:@"%i",
          INT16_MAX];
      }
```

```
    if ([textField.text intValue] < 1) {
      textField.text = @"1";
    }
    return;
  }

  if ([[textField.text
    stringByTrimmingCharactersInSet:[NSCharacterSet
    whitespaceCharacterSet]] length] == 0) {
      textField.text = @"My beacon";
  }
}
```

UI의 완성

같은 텍스트 필드에서 next를 누를 수 있고, 키보드가 표시될 때 사용자가 텍스트 필드 밖을 터치할 경우 어떤 리스폰더도 취소할 수 있도록 UI도 적절히 완성해야 한다. 다음 사항을 고려한다.

1. 다음 임플멘테이션을 추가해 키보드에서 Next 버튼을 처리한다.

   ```
   -(BOOL)textFieldShouldReturn:(UITextField *)textField {
     if (textField == self.nameTextField)
       [self.majorTextField becomeFirstResponder];
     if (textField == self.majorTextField)
       [self.minorTextField becomeFirstResponder];

     return YES;
   }
   ```

2. 다음 터치 이벤트를 추가해 리스폰더를 취소한다.

   ```
   -(void)touchesBegan:(NSSet *)touches withEvent:(UIEvent
     *)event
   {
     [super touchesBegan:touches withEvent:event];
     [self.nameTextField resignFirstResponder];
     [self.majorTextField resignFirstResponder];
     [self.minorTextField resignFirstResponder];
   }
   ```

NSLocationAlwaysUsageDescription의 추가

이전 장들처럼, 로케이션 활용의 설명문을 추가해야 하는데, 로케이션 퍼미션 대화상자에 표시된다. 타깃 정보 설정 대화상자 아래, Custom iOS Target Properties에 NSLocationAlwaysUsageDescription 키를 추가한다. This app requires access to your location to track your important items 같은 것에 값을 설정한다.

백그라운드 모드의 활성화

마지막 할 일은 백그라운드에서 비콘의 범위를 정할 수 있도록 앱에 백그라운드 모드를 활성화하는 것이다. 다음 단계를 고려한다.

1. 프로젝트 설정을 열어 Capabilities 탭을 클릭한다.

2. Background Modes 옵션을 켠다.

3. Location updates 옆의 박스를 체크한다.

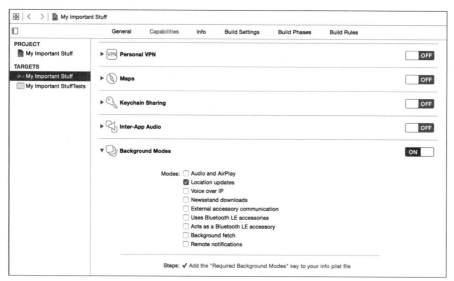

▲ 백그라운드 모드에서 로케이션 업데이트 활성화

앱 테스트

제공된 OS X 컴패니언 앱으로 앱을 테스트한다. 백그라운드 모드 그림의 활성화된 Location updates에 보이는 대로 지갑, 열쇠, 개를 컬렉션에 추가한 다음, 컴패니언 앱에서 비콘 프로필을 켜고 꺼 알림을 테스트한다. 잊지 말고 알림을 수신하기전에 5분 동안 기다린다.

정리

이 장에서는 홈 오토메이션에서 아이비콘의 놀라운 잠재력을 배웠고, 비콘이 세상에서 고정될 필요가 없음도 배웠다. 모바일 사용자보다 비콘이 더 이동 가능할 수도 있다! 튜토리얼은 백그라운드에서 비콘 범위를 결정하기 위해 백그라운드 모드를 활용하는 법 외에 앱이 백그라운드에 있을 때 로컬 알림을 표시하는 법도 보여줬다.

다음 장에서는 잘 알려진 제조사에서 비콘을 구매하는 것과 그 SDK를 논할 것이다. 에스티모트 비콘의 해킹도 할텐데, 튜토리얼을 완료하기 위해 하드웨어 비콘이 필요할 것이다.

7

판매업체 SDK와
비콘 구매 및 설정

이전 장들에서는 애플의 코어로케이션과 코어블루투스 프레임워크만 활용해 비콘과 인터랙션을 했다. 여러 판매업체는 실제로 자체적인 하드웨어 비콘, 비콘 관리를 위한 웹 기반 API, BLE로 값을 조작하기 위한 SDK를 제공한다.

이 장은 에스티모트 비콘과 관련 SDK 외에 록시미티 비콘도 탐구한 후, 록시미티 SDK를 더욱 파고들어 에스티모트 비콘 UUID, 메이저, 마이너 값 설정을 하게 해주는 앱을 산출할 것이다.

에스티모트의 모트와 SDK

에스티모트가 최근에 클라우드 기반의 플랫폼을 구현했지만, 그 비콘은 독립적으로도 꽤 잘 작동하며, 애플이 정한 아이비콘 스펙도 따른다.

아이비콘 스펙이 기반을 닦은 기능 위에 에스티모트 비콘은 추가 기능을 위해 온도 센서와 속도계도 포함한다.

현재 실제로 클라우드에 동기화된 데이터는 비콘을 둘러싼 실리콘 케이스의 색상을 나타내는 프로퍼티와 비콘의 로케이션을 나타내는 단일 프로퍼티뿐이다. 이 프로퍼티는 단지 비콘 소유주의 참조로 쓰려는 의도다. 에스티모트에서 비콘을 구매할 때 자동으로 비콘이 클라우드 플랫폼에 추가된다.

록시미티 구현

록시미티 비콘은 아주 다른 아키텍처를 구현한다. 비콘이 광고를 브로드캐스트하는 비율은 아이비콘이 인증하지만, 실제로 요건에 맞춰 UUID를 선택할 방법은 없다.

록시미티 비콘은 전적으로 클라우드 플랫폼이 관리한다. 에스티모트와 거의 비슷하게 록시미티 비콘을 구매할 때, 자동으로 클라우드 계정에 추가된다.

록시미티 비콘은 기업 수준의 애플리케이션을 구축하기 위해 SDK를 사용해야 하기에, 비콘마다 단일 UUID에 물려 있지 않아 여러 앱에 활용할 수 있다는 뜻이다.

록시미티는 플랫폼이 아주 많이 광고주 네트워크를 기반으로 하기에, 그만큼 클라우드 플랫폼에서 웹 폼을 통해 어떤 코드도 작성할 필요 없이 SDK로 리치한 알림, 모드형 팝업, 팝업 요청을 구현하고, 모드형 팝업을 구현하게 해준다.

SDK를 구현해, 록시미티 플랫폼은 체류 시간 등 인구통계, 행동을 기반으로 알림에 강력한 타깃팅을 부여하기도 한다.

요건에 최상인 플랫폼 선택

여기서 논한 둘 이상으로 여러 더 많은 플랫폼이 있지만, 많이들 비슷한 아키텍처를 구현한다. 기업 수준의 광고 네트워크를 구축하려 하는데 웹 플랫폼을 구축할 역량이나 자원이 없다면, 록시미티가 딱 맞는 선택이다.

하지만 비콘의 구현을 더 통제하고자 하거나, 아이비콘 스펙 이상의 추가 기능을 원한다면, 에스티모트나 기타 더 개방적인 비콘이 분명 더 나은 선택이다.

비콘 크기, 비용, 브랜딩 등 기타 고려 사항이 있을 수 있다. 다시 1장을 확인하면 이 글을 쓰는 시점에 시장의 제공업체 중 일부를 더 심도 있게 소개받을 수 있다.

개방적인 비콘 스펙 AltBeacon

프록시미티 비콘은 개방적이고 상호 호환 가능한 스펙이 없다. 레이디어스 네트워크는 이 문제의 해결법에 관한 제안으로 AltBeacon 스펙을 저작했다. AltBeacon 스펙은 프록시미티 비콘이 브로드캐스트할 플랫폼에 독립적이고 표준적인 방법을 제시하려 광고 메시지의 포맷을 정의한다.

iOS 기기가 찾는 정확한 블루투스 광고 채널 프로토콜 데이터 유닛(PDU)를 알아내기 위해, 판매업체에게 애플의 MFI 프로그램에 등록하도록 요구하는 아이비콘 스펙과는 다르다.

AltBeacon 스펙은 BLE 프록시미티 비콘이 브로드캐스트하는 광고 메시지 포맷을 정의하며, 누구나 자유롭게 로열티나 요금 없이 구현할 수 있다.

AltBeacon 임플멘테이션을 주목해야 한다. 분명히 머지 않아 서드파티 라이브러리 구현으로 빠르고 풍부해질 것이다.

에스티모트 API 2.1의 사용

튜토리얼은 앱 구축을 위한 에스티모트 API의 사용법을 안내할 텐데, 커스텀 UUID, 메이저, 마이너 값으로 에스티모트 비콘을 설정하게 해준다.

이 튜토리얼을 완료하기 위해, 하드웨어가 필요할 것이다. 에스티모트는 비콘 3개의 개발자 키트를 99달러에 제공하는데, 비콘을 이용한 솔루션 구축에 착수하게 해주며, 주문은 https://order.estimote.com/의 웹사이트에서 가능하다.

이 글을 쓰는 시점에는 최신인 SDK(2.1)를 사용했지만, 에스티모트에서 작업 중인 개발자들은 항상 바빠서 지속적으로 API와 펌웨어를 개선 중이다. 이 튜토리얼을 시작하기 전에 에스티모트 API 페이지(http://bit.ly/estimoteapi)에 가서 최신 API를 확인하도록 권장하겠다.

에스티모트 비콘 펌웨어도 최신 버전으로 업그레이드하도록 권장하겠다.

보안

에스티모트 SDK 최신 버전에서 API 앱 ID와 API 앱 토큰으로 기기에 연결해야 한다. 에스티모트에서 비콘을 구매할 때, 자동으로 클라우드 플랫폼(http://cloud.estimote.com/)에 연결되며 개인용 키로 접근이 보안 처리된다.

인증하지 않고 비콘에 연결하려 할 때, 인증 에러가 생길 것이다. 비콘 설정을 위해 연결하려면 에스티모트 클라우드로부터 키를 제공해, 사전에 ESTBeaconManager 클래스의 정적인 setupAppID:andAppToken 메소드를 호출했어야 한다.

에스티모트 SDK 클래스

에스티모트의 API는 코어로케이션, 코어블루투스 프레임워크를 기반으로 구축되며, 클래스 중 상당수는 코어로케이션의 기능을 흉내내고 확장한다.

이 튜토리얼과 그 관련 델리게이트 프로토콜의 프레임워크 클래스 중 둘만 사용할 것이다.

API의 포괄적인 뷰를 위해서는 웹사이트로 가서 http://bit.ly/estimote-github에 있는 포괄적인 문서를 다 읽어야 한다.

ESTBeacon

(아마 추측했겠지만) ESTBeacon 클래스는 CLBeacon 클래스와 마찬가지로 하드웨어 비콘을 포함하지만, 추가적인 프로퍼티와 옵션이 아주 많다. ESTBeacon 인스턴스

는 SDK로 자유롭게 접근 가능한 공개적으로 사용할 수 있는 프로퍼티가 많고, 일
단 비콘에 연결된 후에만 접근 가능한 프로퍼티도 많다.

ESTBeacon의 공개 프로퍼티는 프록시미티 UUID, 메이저, 마이너, RSSI 등
CLBeacon 클래스의 프로퍼티와 유사하다.

일단 connect 메소드로 비콘에 연결된 후에는 다음을 포함해(그러나 이에 국한되지
않고) 기기의 숨은 프로퍼티도 접근할 수 있다.

- 배터리 레벨

- 남은 수명

- 배터리 종류

- 기기의 이동 여부

- 펌웨어 버전

ESTBeaconDelegate

비콘 델리게이트로 연결, 속도계 변화 등 비콘의 상태 변화를 모니터링할 수 있다.
델리게이트 프로토콜은 네 태스크를 포함한다.

- beaconConnectionDidFail:withError:: 기기 연결이 실패할 때 발생한다.
  일시적인 실패일 수 있으며, 앱은 여전히 연결을 시도할 것이다.

- beaconConnectionDidSucceeded:: 기기 연결이 성공적으로 완료돼, 연결된
  기능이 사용 가능할 때 발생한다.

- beacon:didDisconnectWithError:: 의도적이든(에러 없이), 에러가 나는 실패
  로 인해서든 연결이 끊어질 때 발생한다.

- beacon:accelerometerStateChanged:: 비콘이 이동 중이기에 속도계 데이터
  가 변했을 때 발생한다.

ESTBeaconManager

ESTBeaconManager 클래스는 에스티모트 비콘의 처리, 설정, 애플리케이션의 관련 이벤트 확보를 위한 인터페이스를 정의한다. 이 클래스의 인스턴스로 모든 비콘의 행동을 설명하는 파라미터를 확립한다. 비콘 매니저 오브젝트로 범위 내 모든 비콘을 추출할 수도 있다.

CLBeaconManager와 달리, ESTBeaconManager로 리전 없이 비콘를 발견할 수 있다. ESTBeaconManager는 범위 결정, 리전 모니터링을 위해 CLBeaconManager 메소드 중 상당수와 기기를 비콘으로 바꾸기 위한 기능도 흉내낸다.

ESTBeaconManager는 에스티모트 비콘을 발견하기 위해 코어블루투스를 필요로 하는 메소드도 포함한다. 리전을 수용하지만 nil이 넘어올 경우 리전에 상관없이 모든 에스티모트를 리턴하는 startEstimoteBeaconsDiscoveryForRegion: 메소드를 사용할 것이다.

ESTBeaconManagerDelegate

ESTBeaconManagerDelegate 프로토콜은 CLBeaconManager 메소드 중 상당 부분을 흉내내며, 비콘 발견을 위한 이벤트 핸들러도 제공한다. 앱에서 beaconManager:didDiscoverBeacons:inRegion: 메소드를 사용할 것이다.

구축

6장과 비슷한 단순한 마스터 디테일 애플리케이션을 구축할 것이다. 마스터 뷰 컨트롤러로 범위 내 에스티모트 비콘을 표시하는 한편, 디테일 뷰 컨트롤러로 비콘 값을 변경할 것이다.

디테일 뷰 컨트롤러는 비콘 온도 센서의 결과물도 표시할 것이며, 비콘이 이동할 때 아이폰도 진동시킬 것이다.

엑스코드를 열어 다음 단계를 따라 새 프로젝트를 생성하며 시작하자.

1. 템플릿으로 Master-Detail Application을 선택한다.

2. Product Name을 Estimote Beacon Manager로 설정하고, Use Core Data 체크박스를 언체크하며, LI를 클래스 프리픽스로 사용한다.

3. 앱을 진동시키기 위해, Audio Toolbox 프레임워크가 필요할 것이다. 그러니 계속해서 그 프레임워크를 프로젝트에 추가한다.

EstimoteSDK의 추가

CocoaPods로 EstimoteSDK를 추가할 것이다. CocoaPods에 친숙하지 않다면, CocoaPods는 디펜던시를 추가해 쉽게 최신성을 유지하게 해주는 오브젝티브 C 프로젝트의 루비 디펜던시 매니저다. 주어진 단계를 따라 EstimoteSDK를 추가한다.

1. 엑스코드 프로젝트를 닫고 터미널 창을 연다.

2. xcodeproj 파일을 포함하는 폴더로 내비게이션한다. 예를 들어 다음 명령문으로 폴더로 내비게이션할 수 있다.

```
cd //Users/craiggilchrist/Documents/Projects/Learning\ iBeacon/
Estimote\ Beacon\ Manager
```

3. CocoaPods와 루비를 설치했는지 확인해야 할 것이다. 그렇지 않다면, 다음 명령문을 구동한다. 시간이 좀 걸릴 수 있으니 인내심을 가져야 한다.

```
sudo gem install cocoapods
```

4. CocoaPods는 Podfile이라는 플레인 텍스트 파일로 그 디펜던시를 결정한다. 다음 명령문으로 이제 그 텍스트 파일을 생성한 후 열자.

```
touch Podfile
nano Podfile
```

5. 이제 Podfile이 나노로 열리기에, 다음 행을 파일에 추가한다.

```
pod 'EstimoteSDK', '~> 2.0'
```

6. Control + O를 눌러 파일을 저장한다. 프롬프트가 뜨면 파일명으로 Podfile을 선택한 후 **엔터키**를 누른다.

7. Control + X를 눌러 파일을 닫는다.

8. 다음 명령문을 구동해 디펜던시를 설치한다. 약간 시간이 걸릴 수 있다.

```
pod install
```

9. 그러면 모든 디펜던시가 추가돼 xcworkspace 파일이 생성돼야 한다. 지금부터는 프로젝트를 열기 위해 xcworkspace 파일만 사용해야 한다. 이미 터미널 창을 열었기에, 프로젝트를 다시 위해 사용하는 편이 낫다. 프로젝트를 열기 위해 다음 명령문을 구동한다.

```
open Estimote\ Beacon\ Manager.xcworkspace/
```

API 접근권 추가

비콘 관리를 위해 인증을 받아야 하기에, 앱 ID로 다음과 같이 `setupAppID:andAppToken:` 메소드에 호출을 추가해야 한다.

1. http://cloud.estimote.com/#/account에 가서 에스티모트 정보로 로그인한다.

2. 다음 코드를 `LIAppDelegate`에 추가해, 기존 문자열을 API 정보로 대체한다.

```
- (BOOL)application:(UIApplication *)application
  didFinishLaunchingWithOptions:(NSDictionary
  *)launchOptions
  {
    [ESTBeaconManager setupAppID:@"<YOUR API APP ID>"
      andAppToken:@"<YOUR API APP TOKEN>"];
    return YES;
  }
```

헬퍼 클래스

6장과 마찬가지로 약간의 헬퍼 클래스를 생성할 것이다. 이번에는 클라우드에서 리턴한 것과 같은 비콘의 색 이름을 리턴할 책임만 있을 것이다. 다음 단계를 고려한다.

1. 새 Objective-C 클래스를 생성해 `LIBeaconHelper`라 이름붙인다.

2. 헤더 파일에 메소드 선언을 추가한다.

```
+(NSString*)colorNameForBeacon:(ESTBeacon*)beacon;
```

3. LIBeaconHelper.m 파일에 임플멘테이션을 추가한다.

```
+(NSString*)colorNameForBeacon:(ESTBeacon*)beacon {
  NSString * color = @"Unknown";
  switch (beacon.color) {
    case ESTBeaconColorBlueberry:
      color = @"Blueberry Pie";
      break;
    case ESTBeaconColorIce:
      color = @"Icy Marshmallow";
      break;
    case ESTBeaconColorMint:
      color = @"Cocktail Mint";
      break;
    case ESTBeaconColorTransparent:
      color = @"Transparent";
      break;
    case ESTBeaconColorWhite:
      color = @"Arctic White";
      break;
    default:
      break;
  }
  return color;
}
```

4. Estimote Beacon Manager-Prefix.pch 파일로 임포트를 추가한다.

```
#import "LIBeaconHelper.h"
```

마스터 뷰 컨트롤러의 설정

마스터 뷰 컨트롤러는 어떤 비콘이 근처에 있는지만 알려주면 되며, 사용자에게 선택하게 해준다. 다음 단계를 고려한다.

1. LIMasterViewController.h를 열어 `ESTBeaconManager.h` 클래스를 임포트한다.

   ```
   #import <EstimoteSDK/ESTBeaconManager.h>
   ```

2. `ESTBeaconManagerDelegate` 프로토콜 선언을 `LIMasterViewController` 선언에 추가한다.

3. `ESTBeaconManager`를 프로퍼티로 추가한다.

   ```
   @property (nonatomic, strong) ESTBeaconManager *
     beaconManager;
   ```

4. 테이블 뷰 셀은 비콘 메이저, 마이너 값 외에 비콘 색도 제시할 것이다. 그러기 위해, 더 나은 프로토타입 셀 유형이 필요하다. Main.storyboard를 열어, `MasterViewController` 뷰를 찾아, 프로토타입 셀 스타일을 Left Detail로 변경한다.

5. LIMasterViewController.m을 열어 프라이빗 인터페이스 선언에 비콘을 두기 위해 로컬 프로퍼티를 추가한다.

   ```
   @property (nonatomic, strong) NSArray * beacons;
   ```

6. `viewDidLoad` 메소드를 삭제한다. 임플멘테이션에 추가, 편집 버튼이 필요하지는 않다.

비콘 매니저의 설정

비콘 매니저를 생성하고 기존 비콘 매니저가 이미 존재할 경우 모두 정리해야 할 것이다. 다음 단계를 고려한다.

1. `[super viewWillAppear:animated]` 호출 바로 뒤에 비콘 매니저를 정리하고 재생성하기 위한 호출을 추가한다.

```
if (self.beaconManager) {
    [self.beaconManager stopEstimoteBeaconDiscovery];
}
self.beaconManager = [[ESTBeaconManager alloc] init];
```

2. 다음으로 비콘 매니저에게 한 컬렉션으로 다양한 리전의 비콘을 모두 리턴하라 알려줘야 한다.

```
self.beaconManager.returnAllRangedBeaconsAtOnce = YES;
```

3. 이제 뷰 컨트롤러를 ESTBeaconManager 델리게이트로 설정하고 비콘 발견을 시작해야 한다. `startEstimoteBeaconsDiscoveryForRegion:` 메소드에 nil을 넘겨, 매니저에게 근처의 모든 에스티모트 비콘를 되돌리도록 요청한다.

```
self.beaconManager.delegate = self;
[self.beaconManager
  startEstimoteBeaconsDiscoveryForRegion:nil];
```

4. `ESTBeaconManagerDelegate` 프로토콜의 `beaconManager:didDiscoverBeacons:inRegion` 메소드는 로컬 비콘 프로퍼티를 설정한 후, 테이블 데이터를 리로드해야 한다.

```
-(void)beaconManager:(ESTBeaconManager *)manager
  didDiscoverBeacons:(NSArray *)beacons
  inRegion:(ESTBeaconRegion *)region {

    NSSortDescriptor *major = [NSSortDescriptor
      sortDescriptorWithKey:@"major" ascending:YES];
    NSSortDescriptor *minor = [NSSortDescriptor
      sortDescriptorWithKey:@"minor" ascending:YES];
    self.beacons = [beacons
      sortedArrayUsingDescriptors:@[major, minor]];
    [self.tableView reloadData];
}
```

5. 마지막으로 `tableView:cellForRowAtIndexPath:`는 비콘의 테이블 셀을 리턴해야 한다. 기존 메소드를 자체적인 메소드로 대체한다.

```
- (UITableViewCell *)tableView:(UITableView *)tableView
  cellForRowAtIndexPath:(NSIndexPath *)indexPath
  {

    UITableViewCell *cell = [tableView
      dequeueReusableCellWithIdentifier:@"Cell"
      forIndexPath:indexPath];
    ESTBeacon * beacon = [self.beacons
      objectAtIndex:indexPath.row];
    cell.detailTextLabel.text = [LIBeaconHelper
      colorNameForBeacon:beacon];
    cell.textLabel.text = [NSString
      stringWithFormat:@"%@:%@", beacon.major,
      beacon.minor];
      return cell;
  }
```

디테일 뷰 컨트롤러의 설정

디테일 뷰 컨트롤러는 비콘의 세부를 표시하고 세부의 변경을 허용하기 전에 선택한 비콘에 연결돼야 한다. 디테일 뷰 컨트롤러의 설정을 위해 다음 단계를 고려한다.

1. EstimoteSDK와 Audio Toolbox 임포트를 LIDetailViewController.h에 추가하며 시작한다.

```
#import <EstimoteSDK/ESTBeacon.h>
#import <AudioToolbox/AudioToolbox.h>
```

2. 뷰 컨트롤러는 비콘 델리게이트로 작용해야 한다. `ESTBeaconDelegate` 선언을 클래스 선언에 추가한다.

3. 다음으로 상태 레이블, 저장 버튼, 액티비티 인디케이터 등 세 텍스트 필드가 필요할 것이다. 프로퍼티를 헤더 파일에 추가한다.

```
@property (weak, nonatomic) IBOutlet UITextField
*proximityUUIDTextField;
@property (weak, nonatomic) IBOutlet UITextField *majorTextField;
@property (weak, nonatomic) IBOutlet UITextField *minorTextField;
@property (weak, nonatomic) IBOutlet UILabel *statusLabel;
@property (weak, nonatomic) IBOutlet UIButton *saveButton;
@property (weak, nonatomic) IBOutlet UIActivityIndicatorView
*activityIndicator;
```

뷰의 설정

비콘 인스턴스가 뷰 컨트롤러로 넘어올 때, 저장 버튼을 비활성화/활성화하기 전에 그 상태를 결정해야 하며, 그 후 이미 연결돼 있지 않을 경우 비콘 연결을 시도한다.

뷰 설정 시 다음 단계를 고려한다.

1. setDetailItem:의 임플멘테이션을 이것으로 대체한다.

```
- (void)setDetailItem:(id)newDetailItem
{
  if (_detailItem != newDetailItem) {
    _detailItem = newDetailItem;

    ESTBeacon * beacon = (ESTBeacon*)_detailItem;

    beacon.delegate = self;
    if (beacon.peripheral.state == CBPeripheralStateConnected)
    {
      [self.saveButton setEnabled:YES];
      [self.activityIndicator stopAnimating];
    }
    else {
      [self.saveButton setEnabled:NO];
      [((ESTBeacon*)_detailItem) connect];
      [self.activityIndicator startAnimating];
    }
```

```
    // 뷰 업데이트
    [self configureView];
    }
}
```

2. 현재 연결 상태를 근거로 `configureView` 메소드도 업데이트해야 한다. 임플 멘테이션을 자체 임플멘테이션으로 대체하면, 연결이 이뤄지고 비콘의 컨트롤 값이 설정될 때만 저장 버튼이 활성화된다.

```
- (void)configureView
{
    // 상세 항목의 사용자 인터페이스 업데이트
    ESTBeacon * beacon = (ESTBeacon*)self.detailItem;

    switch (beacon.peripheral.state) {
      case CBPeripheralStateConnected:
        self.statusLabel.text = @"Connected";
        [self.saveButton setEnabled:YES];
        break;
      default:
        self.title = @"Connecting...";
        self.statusLabel.text = @"Connecting...";
        [self.saveButton setEnabled:NO];
        break;
    }

    self.majorTextField.text = [beacon.major stringValue];
    self.minorTextField.text = [beacon.minor stringValue];
    self.proximityUUIDTextField.text = [beacon.proximityUUID
      UUIDString];
}
```

비콘으로부터의 연결과 단절

비콘이 연결될 때, 단절될 때, 속도계 값이 변했을 때 처리하는 세 ESTBeaconDelegate 메소드를 구현할 것이다. 비콘으로부터의 연결, 단절을 위해 다음 단계를 고려한다.

1. beaconConnectionDidSucceeded: 메소드로 시작하자. 여기서는 속도계를 활성화하고 비콘으로부터 온도 값을 이용해 뷰 컨틀러 제목을 설정할 것이다. 저장 버튼도 활성화할 것이다.

```objc
-(void)beaconConnectionDidSucceeded:(ESTBeacon *)beacon {
  [self.navigationItem setRightBarButtonItem:nil];
  NSLog(@"Connected to beacon %@", beacon);

  [beacon enableAccelerometer:YES completion:nil];

  [self configureView];

  self.statusLabel.text = @"Connected";

  [beacon readTemperatureWithCompletion:^(NSNumber *value,
    NSError *error) {
      self.title = [NSString stringWithFormat:@"%@ - %@oC",
        [LIBeaconHelper colorNameForBeacon:beacon], value];
  }];
  [self.saveButton setEnabled:YES];
  [self.activityIndicator stopAnimating];
}
```

2. 다음으로 beaconConnectionDidFail:withError: 메소드를 구현할 것이다. 이 메소드는 일시적인 에러가 여러 차례 발생할 수도 있는데, 무시할 수 있다. 영구적인 에러가 발생하면, 내비게이션 스택에서 뷰 컨트롤러를 떼낸다. 그 경우 사용자는 다시 시도할 수 있다. 이 임플멘테이션을 추가한다.

```objc
-(void)beaconConnectionDidFail:(ESTBeacon *)beacon
  withError:(NSError *)error {
    NSLog(@"Failed to connect to beacon: %@", error);
    if (error.code == 404) [[self navigationController]
      popViewControllerAnimated:YES];
}
```

3. 마지막으로 변화가 발생할 때 기기를 진동해, 속도계가 변화를 상세화하기 바란다. 델리게이트 메소드 beacon:accelerometer StateChanged를 추가한다.

```
-(void)beacon:(ESTBeacon *)beacon accelerometerStateChanged:(BOOL)
  state {
    AudioServicesPlayAlertSound(kSystemSoundID_Vibrate);
}
```

변경 사항의 저장

디테일 뷰 컨트롤러의 주요부는 저장 버튼을 누를 때 비콘의 변경 사항을 저장하는 것이다. 값을 저장할 때, `writeProximityUUID:completion:`, `writeMajor:completion:`, `writeMinor:completion:` 값을 차례로 사용해 기기에 독립적으로 저작해야 한다.

값이 성공적으로 작성되도록 보장하기 위해 이전 셀의 컴플리션 블록에 값을 작성하기 위해 호출을 연결시킬 것이다.

호출마다 다음 호출 전에 호출의 성공 여부를 확인할 것이다. 호출이 실패하면, 에러를 표시할 것이다. 변경 사항 저장을 위해 다음 단계를 고려한다.

1. 메소드를 추가해 에러가 발생할 경우 에러 메시지를 표시하고 저장 버튼을 다시 활성화한다.

```
-(void)showErrorAndEnableSave:(NSError*)error {
  UIAlertView * av = [[UIAlertView alloc]
    initWithTitle:@"An error occurred"
    message:error.description
    delegate:nil
    cancelButtonTitle:@"Ok"
    otherButtonTitles:nil, nil];

  [av show];
    [self.activityIndicator stopAnimating];
    [self.saveButton setEnabled:YES];
}
```

2. save 메소드를 추가해 기기의 값을 설정한다.

```
- (IBAction)saveChanges:(id)sender {
  ESTBeacon * beacon = (ESTBeacon*)self.detailItem;
```

```
[self.navigationItem setHidesBackButton:
  YES animated:YES];
[self.activityIndicator startAnimating];

[beacon writeProximityUUID:
  self.proximityUUIDTextField.text
  completion:^(NSString *value, NSError *error) {
    if (error && error.code != 411) {
      [self showErrorAndEnableSave:error];
    }
    else {
      [beacon writeMajor:[self.majorTextField.text
        intValue] completion:^(unsigned short value,
        NSError *error) {
        if (error && error.code != 411) {
          [self showErrorAndEnableSave:error];
        }
        else {
          [beacon writeMinor:
            [self.minorTextField.text intValue]
            completion:^(unsigned short value,
            NSError *error) {
            if (error && error.code != 411) {
              [self
                showErrorAndEnableSave:error];
            }
            else {
              [self.navigationItem
                setHidesBackButton:NO
                animated:YES];
              [self.activityIndicator
                stopAnimating];
              [[self navigationController]
                popViewControllerAnimated:YES];
            }
          }];
        }
      }];
    }
  }];
}
```

꽤 많은 일을 하는 복잡한 메소드다. 그러니 부분별로 살펴보자.

일단 사용자가 비콘을 업데이트하려는 동안 뷰를 떠날 수 없도록, 백 버튼을 비활성화하고 액티비티 인디케이터를 표시한다.

```
ESTBeacon * beacon = (ESTBeacon*)self.detailItem;
[self.navigationItem setHidesBackButton:YES animated:YES];
[self.activityIndicator startAnimating];
```

다음으로 코드는 에스티모트 SDK로 기기를 설정하려 하며, 그러는 데 시간이 좀 걸린다. 컴플리션 블록은 완료나 실패 후 바로 작동한다.

```
[beacon writeProximityUUID:self.proximityUUIDTextField.text
completion:...]
```

컴플리션 블록은 이어서 일단 에러가 발생했는지 확인하며, 그 경우 다음과 같이 저장 버튼을 다시 비활성화한다.

```
if (error && error.code != 411) {
  [self showErrorAndEnableSave:error];
}
else {...}
```

모두 잘 될 경우 else 문은 메이저 값을 작성하려 하는데, 컴플리션 블록도 있다.

```
[beacon writeMajor:[self.majorTextField.text intValue] com-pletion:...]
```

컴플리션 블록은 에러가 있는지 다시 확인하며, 그 경우 저장 버튼을 다시 활성화한다.

```
if (error && error.code != 411) {
  [self showErrorAndEnableSave:error];
}
else {...}
```

마지막으로 모두 성공하면, else 문은 이전의 작성 시도와 같은 구조를 따라, 애니메이션을 스택에서 뷰 컨트롤러를 떼내기 위한 추가 코드와 함께 마이너 값을 설정한다.

```
[beacon writeMinor:[self.minorTextField.text intValue]
  completion:^(unsigned short value, NSError *error) {
    if (error && error.code != 411) {
      [self showErrorAndEnableSave:error];
    }
    else {
      [self.navigationItem setHidesBackButton:NO animated:YES];
      [self.activityIndicator stopAnimating];

      [[self navigationController] popViewControllerAnimated:YES];
    }
}];
```

뷰의 생성

마지막으로 모두 효과적이게 하기 위해 뷰 컨트롤러에 뷰를 연결시켜야 한다.

다음 그림과 비슷하도록 Main.storyboard를 열어 컨트롤을 뷰로 드래그한다.

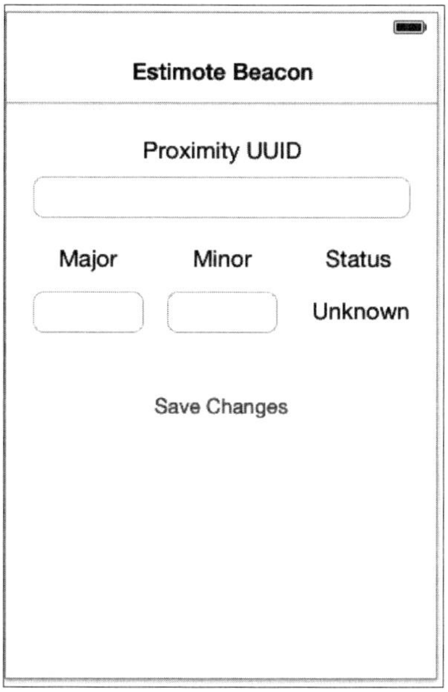

▲ 디테일 뷰

다음 아웃렛을 LIDetailViewController.h에 반드시 연결한다.

- `proximityUUIDTextField`

- `majorTextField`

- `minorTextField`

- `statusLabel`

- `saveButton`

- `activityIndicator`

이어서 저장 버튼의 `touchUpInside` 이벤트를 LIDetailViewController.m의
`saveChanges: IBOutlet`에 연결한다.

애플리케이션 테스트

마지막으로 애플리케이션을 구동하고 에스티모트 비콘을 내보낸다.

값의 일부를 바꿔보고 작동하는지 확인한다. 잊지 말고 디테일 뷰에서 비콘을 연
후 비콘을 흔들어야 한다. 반드시

iOS 기기가 진동해야 한다!

정리

이 장은 에스티모트 SDK를 약간 상세히 탐구했고, 다른 판매업체의 아이비콘 구
현도 논했다.

다음 장은 이전 장들에서 배운 전부를 조합해 완전한 박물관 앱을 구축할 것이다.

8

고급 튜토리얼: 아이비콘 박물관

지금까지 이 책 전반에 걸쳐 비콘 발견, 비콘 범위 결정, 앱의 백그라운드 구동 시 프레전스 선택 및 활용까지도 배웠다. 이 장의 목적은 지식을 앱으로 통합하는 것인데, 가능한 한 현실 세계의 사례에 가깝다.

이 장이 새 비콘 지식은 전혀 끌어들이지 않겠지만, 모두 포괄하는 튜토리얼로 책 전반에 걸쳐 배운 전부를 실제로 장악할 것이다.

박물관 앱은 사용자에게 전시회를 돌아다니게 해주며, 전시장 내의 전시물에 더 가까이 다가가면, 전시 대상의 맥락을 더 심도 있게 설명받는다.

이전 장들과 달리 조악한 사례를 사용해 현실 세계에서 앱의 사용자 경험을 고려할 때 취할 선택을 흉내내려 하지 않을 것이다. 그 훌륭한 사례는 사용자에게 왜 로케이션 데이터가 필요한지 설명하고, 로케이션 정보에 접근하려 하기 전에 퍼미션을 허용하는 버튼을 클릭하도록 요청해, 로케이션 퍼미션을 요청하리라는 것이다.

전시회

아이비콘 박물관은 세 전시장으로 구성된다. 전시회마다 세 전시물이 있는데, 전시품이라 할 것이다.

전체 박물관이 1A285B28-EA1B-43F5-984A-CE5D2ED463CE UUID를 사용할 것이다. 다음 그림에 보이는 대로, 메이저 값으로 전시장을 확인하고, 마이너 값으로 그 하위의 전시품을 확인할 것이다.

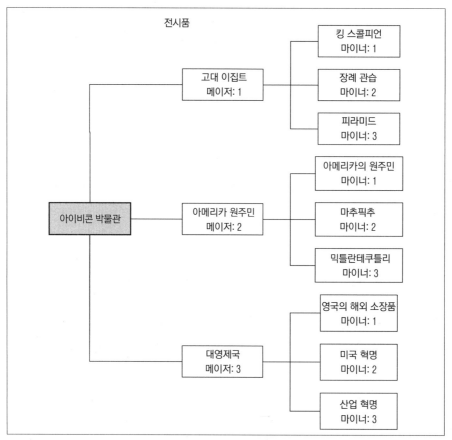

▲ 아이비콘 박물관 전시품

아름다운 전시품 뷰의 조사, 대조, 디자인까지도 앱의 범위를 훌쩍 넘어서기에, 대신 할 일은 `UIWebView`로 전시품 정보를 표시하는 것일 것이다. 이렇게 앱에 중요한 바에 집중할 수 있다.

전시품 콘텐츠에 대해 디자인을 대충 지나치고 미리 정의된 반응형 디자인의 웹 뷰를 사용하는 것 외에 앱은 꽤 완전히 기능하는 현실 세계의 사례다. 이 앱의 코드 베이스를 취해, 원한다면 상용 애플리케이션에서 재사용할 수 있으며, 물론 내 동의하에 그럴 수 있다. 나는 상용 애플리케이션이 보고 싶으며, 퍼블리싱 시 알려준다면, 이 책에 동반하는 사이트 http://ibeacon.university/에 게재하기까지 할 것이다.

박물관 앱

박물관은 다음 그림에 보이는 대로 멋진 육각형의 디자인에 아트리엄과 세 전시 홀로 구성된다.

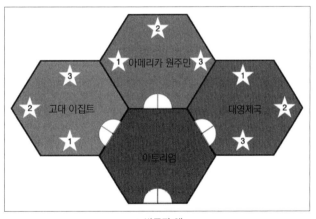

▲ 박물관 앱

박물관의 주 출입구는 방문자를 아트리엄으로 인도한다. 일단 거기 가면, 세 전시장 중 어디도 방문할 수 있지만, 항상 아트리엄을 통해 돌아와야 한다. 사용자가 어떤 비콘으로부터도 5미터 내에 있지 않을 경우, 아마 아트리엄에 있다 가정할 것이며, 박물관에서 달리 어떤 곳에 방문 가능한지 알려줄 것이다.

앱 구조

앱은 세 뷰로 나뉘는데, 자동으로 완전히 제시된다. 애플리케이션에 실제 내비게이션 시스템은 없으며, 앱 내비게이션은 사용자의 발이 인도하는 곳이 통제한다.

퍼미션 뷰

첫 뷰는 앱에서 로케이션 서비스를 앱이 사용하려 켜고, 앱이 로케이션을 사용하도록 퍼미션을 줬다고 사용자가 판단할 수 있기까지, 앱에 대한 사용자의 접근을 중단시킨다.

로케이션 정보 없이는 앱이 쓸모없지만, 다른 튜토리얼 모두처럼 보유하고 있는 바를 그냥 가정하기보다는 실제로 사용자에게 왜 필요한지 이유를 주고, 훨씬 더 나은 사용자 경험을 제공할 것이다.

아트리엄 뷰

아트리엄 뷰는 사용자에게 박물관에 관해 더 많은 정보와 그 안의 전시품에 대한 요약을 제공한다. 어떤 전시품 비콘으로부터도 5미터 이내가 아닐 때는 아트리엄 뷰로 사용자에게 제시할 것이다. 그보다 더 가까우면 항상 사용자에게 전시품 뷰로 제시할 것이다.

아트리엄 뷰는 사용자에게 어떤 전시품이 지도에서 가장 가까운지 보여줄 수 있도록 이름을 수집할 책임도 있다.

전시품 뷰

마지막 뷰는 사용자가 가장 가까이 있는 전시품에 관해 정황 정보를 보여준다. 예를 들어 사용자가 대영 제국 전시회의 산업 혁명 전시품 바로 옆에 있다면, 현재 뷰는 대영 제국 산업 혁명에 관한 관련 위키피디아 페이지의 축약된 버전일 것이다.

이 정보 뷰는 태핑할 수 있는 버튼도 포함하며, 현재 전시품 정보보다 지도 위에 사용자의 위치를 표시한다.

사용자가 이미 로케이션 퍼미션을 허가했다면, 이어서 자동으로 박물관 뷰로 넘어갈 것이다.

지원 사이트

이 앱의 디자인 국면을 건너뛰고, 아이비콘 관련 기능에 정말 집중하기 위해, 별도의 반응형 사이트에서 뷰와 지도 콘텐츠를 제공했다.

앱 콘텐츠 중 대부분은 http://museum.ibeacon.university/의 UIWebViews에 소개된 반응형 웹 페이지로 전달될 것이다.

컴패니언 사이트는 다음 그림에 보이는 대로 어떤 브라우저로부터든 실시간으로 현재 어떤 전시품을 방문 중인지 실제로 볼 수 있도록, 실시간 소켓 연결도 사용한다.

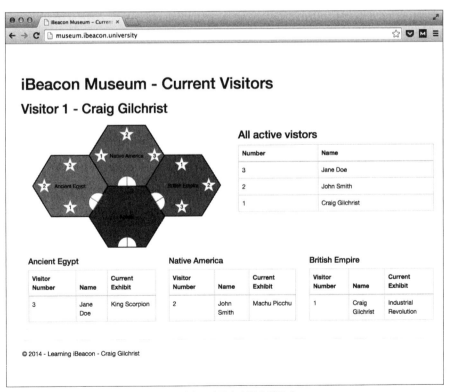

▲ 아이비콘 박물관의 현재 방문자

사용자 여정의 추적

지원 사이트의 역할은 사용자 여정의 추적이지만, 가장 가까이에 있는 비콘 관련 콘텐츠의 리턴도 해당된다. 둘 다와 함께 사용자를 효과적으로 추적하기 위해, 서비스 호출의 엄격한 순서를 따라야 한다. 숨은 UIWebView 내 브라우저 세션을 유지해 이 일을 할 텐데, 메인 뷰 컨트롤러에 속한다. 다음 단계를 고려해 사용자 여정을 추적한다.

1. http://museum.ibeacon.university/name/{user_name}을 생성하되, 여기서 {user_name}은 방문자 이름으로 대체한다. 이 첫 호출은 서버에게 방문자가 누군지 알려주며, 방문자 여정을 추적할 수 있도록 쿠키도 설정한다.

   예를 들어 내 이름을 입력한 후, URL은 http://museum.ibeacon.university/name/Craig%20Gilchrist/일 것이다.

2. 전시품마다, 이어서 http://museum.ibeacon.university/exhibit/{major}/{minor}를 방문하는데, 여기서 {major}와 {minor}는 비콘의 메이저, 마이너 값으로 대체할 것이다. URL은 이어서 사용자 여정을 추적한 후, 브라우저를 관련 위키피디아 페이지로 전달한다.

   예를 들어 마추픽추 전시품에 가장 가까이 있다면, URL은 http://museum.ibeacon.university/exhibit/2/2일 것이다.

3. 마지막으로 박물관 내 현재 어디 있는지 보여주는 오버레이의 지도를 리턴하는 전용 웹 페이지가 있다. URL은 전시품 URL과 유사하지만, 전시품 경로 요소가 지도 경로 요소로 대체됐다는 예외가 있다. 즉 http://museum.ibeacon.university/map/{major}/{minor}다.

앱 디자인

앱은 본질적으로 사용 중이지 않을 때 오프스크린에 모든 기능이 배치되는 싱글뷰 애플리케이션이지만, 여전히 뷰 내에서 제시되며, 궁극적으로 뷰 컨트롤러가 관장한다.

서버 세션을 유지하는 UIWebView가 항상 메모리 내에 있도록, 그래서 뷰를 애플리케이션이 내보낼 때마다 서버와 새 ID를 얻지 않도록 보장하는 멋지고도 쉬운 방법이다.

다음 그림은 앱의 디자인 방식에 대해 훨씬 더 분명한 표시를 제공한다.

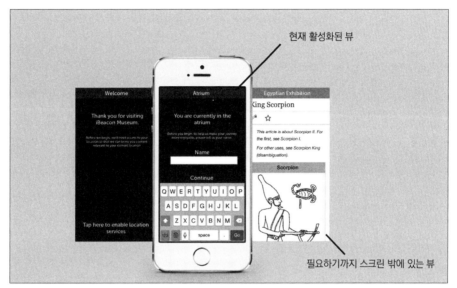

▲ 필요하기까지 숨는 뷰

애플리케이션의 구축

이제 앱과 그 기능 모두를 완전히 설명했으니, 구축하사!

프로젝트의 생성

다음 단계를 따라 프로젝트를 생성한다.

1. 엑스코드를 구동해, 프롬프트가 뜨면 템플릿에서 싱글뷰 애플리케이션을 선택하며 시작한다.

2. 다음 옵션을 새 프로젝트에 입력한다.

   ○ **Product Name:** iBeacon Museum

   ○ **Organization Name:** Learning iBeacon

   ○ **Product Identifier:** com.learningibeacon

   ○ **Devices:** iPhone

3. 코딩을 시작하기 전에, 프로젝트 프로퍼티를 설정하며 시작하자. Project Navigator의 최상위 프로젝트를 클릭해 프로젝트 프로퍼티를 연 후, Deployment Info 아래에서 Hide status bar 옵션을 켰는지 확인한다. 또한 Device Orientation 옵션 내에 Portrait만 체크됐는지 확인해 포트레이트 모드에서만 아이폰 앱이 표시될 수 있도록 한다.

4. 화면에 딱 맞도록 다른 모든 텍스트는 숨겨야 의미 있게 앱 내 많은 위키피디아 콘텐츠를 표시할 것이다. Properties 창의 Info 탭을 열어 Custom iOS Target Properties 아래에서 View controller-based status bar appearance 프로퍼티를 NO로 설정한다. 이러면 상태 바가 결코 표시되지 않을 것이다.

5. Info 탭 내 Linked Frameworks and Libraries 섹션 아래에서, 추가 아이콘을 클릭해 CoreLocation.framework를 추가한다.

뷰의 초기화

이 튜토리얼에 닙스나 스토리보드는 사용하지 않을 것이다. 코드 내 뷰마다 레이아웃을 잡을 것이다(결국 고급 튜토리얼이니까). 뷰마다 기능을 구축하기 전에 뷰를 생성하고 일단 오프스크린에 배치하며 시작할 것이다. 다음 단계를 따라 뷰를 초기화한다.

1. 뷰 컨트롤러 임플멘테이션 파일을 연다. 클래스 프리픽스를 선택하지 않으면, ViewController.m이라는 이름일 것이며, 이전 장들처럼 했다면 LIViewController.m일 것이다.

2. 다음 코드와 닮아 보이도록 임플멘테이션의 인터페이스 섹션에서 뷰마다 프로
   퍼티를 추가한다.

```
@interface ViewController ()

@property (nonatomic, retain) UIView *
  locationPermissionView;
@property (nonatomic, retain) UIView * exhibitView;
@property (nonatomic, retain) UIView * atriumView;

@end
```

3. 이제 뷰를 인스턴스화한다. 뷰 컨트롤러의 뷰 프레임을 이용해 뷰를 프레임과
   함께 인스턴스화할 것이며, 뷰 위드값의 x-origin이 되도록 설정해 뷰의 우측
   바로 옆으로 보이고 싶지 않은 뷰를 옵셋할 것이다. 아트리엄, 퍼미션 뷰의 배
   경색을 멋진 어두운 색으로도 설정할 것이다. 다음 코드를 추가한다.

```
CGRect frame = self.view.frame;

  self.locationPermissionView = [[UIView alloc]
    initWithFrame:frame];

  // 프레임을 우측으로 스크린에서 벗어나게 설정
  frame.origin.x = frame.size.width;

  self.exhibitView = [[UIView alloc] initWithFrame:frame];
  self.atriumView = [[UIView alloc] initWithFrame:frame];

  self.locationPermissionView.backgroundColor = [UIColor
    colorWithRed:37.f/255.f green:33.f/255.f
    blue:28.f/255.f alpha:1.f];
  self.atriumView.backgroundColor = self.
    locationPermissionView.backgroundColor;
```

뷰를 서브뷰로 아직 추가하지 않았음이 눈에 띄는가? 사용자가 이미 로케이션 접
근을 허용했는지 모르기에, 퍼미션 뷰나 아트리엄 뷰를 제시할지 아주 확실하지는
않기 때문이다.

코어로케이션 기능의 추가

사용자 로케이션에 퍼미션을 줬는지 결정하기 위해, CLLocationManager 인스턴스가 필요하다. 다음 단계를 수행한다.

1. 뷰 컨트롤러 헤더 파일로 넘어가 CoreLocation의 임포트 선언을 추가하고 뷰 컨트롤러를 CLLocationManager 델리게이트로 선언한다. 헤더 파일 콘텐츠는 이제 다음 코드 임플멘테이션과 같아 보여야 한다.

```
#import <UIKit/UIKit.h>
#import <CoreLocation/CoreLocation.h>

@interface ViewController : UIViewController<CLLocationManagerDele
    gate>

@end
```

2. 임플멘테이션 파일로 다시 돌아가 새 CLLocationManager 델리게이트와 리전 프로퍼티를 추가한다.

```
@property (nonatomic, retain) CLLocationManager *
    locationManager;
@property (nonatomic, retain) CLBeaconRegion * region;
```

3. 아트리엄 뷰 배경색을 설정하는 곳 바로 아래에 로케이션 매니저를 인스턴스화하기 위해 몇 행을 추가하고, 뷰 컨트롤러를 델리게이트로 설정한 후, 비콘 리전을 생성한다.

```
self.locationManager = [[CLLocationManager alloc] init];
self.locationManager.delegate = self;
NSUUID * beaconUUID = [[NSUUID alloc]
    initWithUUIDString:@"1A285B28-EA1B-43F5-984A-
    CE5D2ED463CE"];
self.region = [[CLBeaconRegion alloc]
    initWithProximityUUID:beaconUUID identifier:@"Exhibits"];
```

첫 뷰의 결정

이제 퍼미션 상태를 결정할 수 있으니, 퍼미션 뷰나 아트리엄 뷰를 초기에 보여줄지 알 수 있다. [CLLocationManager authorizationStatus]가 kCLAuthorizationStatusAuthorized의 상태를 보고한다면, 퍼미션 뷰 대신 아트리엄 뷰를 표시해야 할 것이다.

프레임이 이미 오프스크린으로 설정돼 있기에, x-origin을 다시 zero로 설정하고, 이를 이용해 아트리엄 뷰의 위치를 다시 잡기 전에, 로케이션 퍼미션 뷰 프레임을 프레임의 뷰 프레임으로 설정한다. 다음 단계를 수행한다.

1. 이 코드를 로케이션 매니저 인스턴스화 코드 바로 아래 추가한다.

```
CLAuthorizationStatus authStatus = [CLLocationManager
 authorizationStatus];

 if (authStatus == kCLAuthorizationStatusAuthorized) {
   self.locationPermissionView.frame = frame;
   frame.origin.x = 0;
   self.atriumView.frame = frame;
 }

 [self.view addSubview:self.exhibitView];
 [self.view addSubview:self.atriumView];
 [self.view addSubview:self.locationPermissionView];
```

2. 코드를 정돈하기 위해, viewDidAppear 메소드의 뷰 세부 중 나머지를 설정해, 뷰마다 독립적으로 설정하기 위해 별개의 메소드를 호출할 것이다. 세 메소드 스텁을 추가해, 뷰와 viewDidAppear 메소드 내 각각의 호출을 설정한다.

```
-(void)viewDidAppear:(BOOL)animated {
  [self configureAtriumView];
  [self configureExhibitView];
  [self configurePermissionView];
}

-(void)configureAtriumView {
}
```

```
-(void)configurePermissionView {

}

-(void)configureExhibitView {

}
```

퍼미션 뷰의 설정

이제 메소드 스텁을 생성해 퍼미션 뷰를 설정했으니, 계속해서 필요한 부분을 추가할 수 있다. CLLocationManager에 또 다른 체크를 추가해, 사용자가 실제로 로케이션 서비스를 거부했는지 보고, 그랬다면 메시지를 표시할 것이다. 그렇지 않으면, 버튼을 추가해 퍼미션을 요청할 것이다.

사용자가 로케이션 승인을 거부했을 경우 에러 메시지를 표시하도록 CLLocationManager 델리게이트 메소드, locationManag er:didChange AuthorizationStatus를 연결하며 시작하자. 일단 승인 상태에 따라 뷰의 레이블과 버튼 프로퍼티를 확인해 설정하는 메소드가 필요할 것이다. 다음 단계를 고려한다.

1. 다음 메소드를 추가한다.

```
-(void)setPermissionInstructions {
  UILabel * permissionInstructions =
    (UILabel*)[self.locationPermissionView
    viewWithTag:1];
  UIButton * permissionButton =
    (UIButton*)[self.locationPermissionView viewWithTag:2];

  if ([CLLocationManager authorizationStatus] ==
    kCLAuthorizationStatusDenied) {
      [permissionInstructions setText:@"Allow permissions
        in the system preferences under Privacy >
        Location Services > iBeacon Museum"];
      [permissionButton setHidden:YES];
  }
  else {
    [permissionInstructions setText:@"Before we begin,
      we'll need access to your location so that we can
```

```
      bring you content relevant to your current
      location"];
    [permissionButton setHidden:NO];
  }
}
```

2. 이제 `locationManager:didChangeAuthorizationStatus:` 메소드를 추가해, 사용자가 퍼미션을 줄 경우 웰컴 뷰를 숨기거나, 퍼미션을 주지 않을 경우 도움말을 변경할 수 있다.

```
-(void)locationManager:(CLLocationManager *)manager
  didChangeAuthorizationStatus:
  (CLAuthorizationStatus)status {

    [self setPermissionInstructions];
    if (status == kCLAuthorizationStatusAuthorized) {
      // 아트리움 뷰에서 애니메이션
      CGRect frame = self.view.frame;
      CGRect offsetLeftFrame = CGRectMake(-
        frame.size.width, 0, frame.size.width,
        frame.size.height);

      [UIView animateWithDuration:0.5f animations:^{
        self.locationPermissionView.frame =
          offsetLeftFrame;
        self.atriumView.frame = frame;
      }];
    }
  }
```

3. 비콘 리전 모니터링을 시작할 메소드도 필요할 것이다. 이제 메소드를 추가한다.

```
-(void)startMonitoringForRegion {
  NSUUID * beaconUUID = [[NSUUID alloc]
    initWithUUIDString:@"1A285B28-EA1B-43F5-
    984A-CE5D2ED463CE"];
  CLBeaconRegion * region = [[CLBeaconRegion alloc]
    initWithProximityUUID:beaconUUID
    identifier:@"Exhibits"];
  [self.locationManager startMonitoringForRegion:region];
}
```

컨트롤 추가

이제 마침내 뷰의 모든 컨트롤을 생성해야 한다. setPermissionInstructions 메소드의 태그로 레이블과 뷰를 추출했으니 태그를 추가하는지 확인해야 하리라는 점에 주목해야 한다. 이 메소드는 꽤 크기에, 섹션들로 세분화할 것이다. 다음 단계를 수행한다.

1. 먼저 페이지를 멋지게 섹션 구분하기 위해 UINavigationBar를 생성해야 한다. configurePermissionView 메소드에 다음 코드를 추가한다.

```
UINavigationBar * navbar = [[UINavigationBar alloc]
  init];
navbar.barTintColor = [UIColor colorWithRed:129.f/255.
  f green:76.f/255.f blue:166.f/255.f alpha:1.f];
navbar.translucent = NO;
 [navbar setFrame:CGRectMake(0, 0,
  self.locationPermissionView.frame.size.width, 44.f)];
[self.locationPermissionView addSubview:navbar];
```

2. 이제 navbar에 제목 레이블을 추가한다.

```
UILabel * titleLabel = [[UILabel alloc]
  initWithFrame:navbar.frame];
[titleLabel setText:@"Welcome"];
[titleLabel setTextAlignment:NSTextAlignmentCenter];
[titleLabel setTextColor:[UIColor whiteColor]];
[navbar addSubview:titleLabel];
```

3. navbar height로 다음 웰컴 레이블의 위치를 잡을 것이다.

```
UILabel * welcomeLabel = [[UILabel alloc] initWithFrame:
  CGRectMake(10.f, titleLabel.frame.size.height + 10.f,
  self.view.frame.size.width-20.f, 60.f)];
[welcomeLabel setTextColor:[UIColor whiteColor]];
[welcomeLabel setTextAlignment:NSTextAlignmentCenter];
[welcomeLabel setText:@"Thank you for visiting iBeacon
  Museum."];
[welcomeLabel setFont:[UIFont systemFontOfSize:20.f]];
[welcomeLabel setNumberOfLines:0];
[self.locationPermissionView addSubview:welcomeLabel];
```

4. 이제 모든 주요 도움말 레이블에 1의 태그 값을 주고, 웰컴 레이블로 그 위치를 잡을 것이다.

```
UILabel * instructionsLabel = [[UILabel alloc]
  initWithFrame:
CGRectMake(10.f, welcomeLabel.frame.origin.y +
  welcomeLabel.frame.size.height + 20.f,
  self.view.frame.size.width-20.f, 120.f)];
[instructionsLabel setTextColor:[UIColor whiteColor]];
[instructionsLabel setTextAlignment:NSTextAlignmentCenter];
[instructionsLabel setTag:1];
instructionsLabel.numberOfLines = 0;
[self.locationPermissionView addSubview:instructionsLabel];
```

5. 이제 사용자가 처음 누를 때 퍼미션을 요청할 리전 모니터링을 시작하는 버튼을 추가해야 한다. setPermissionInstructions 메소드에서 이 버튼을 장악해야 하니, 2의 태그를 줘야 한다.

```
UIButton * button = [[UIButton alloc] initWithFrame:
  CGRectMake(10, self.view.frame.size.height-54.f,
  self.view.frame.size.width-20.f, 44.f)];
[button setTag:2];
[button setTitle:@"Tap to allow location"
  forState:UIControlStateNormal];
[button addTarget:self
  action:@selector(startMonitoringForRegion)
  forControlEvents:UIControlEventTouchUpInside];
[self.locationPermissionView addSubview:button];
```

6. 마지막으로 새로 추가한 레이블, 버튼의 퍼미션 도움말 프로퍼티를 다음과 같이 설정해야 한다.

```
[self setPermissionInstructions];
```

전시품 뷰의 설정

전시품 뷰의 책임은 가장 가까운 비콘에 상응하는 웹 콘텐츠 로드다. 근처에 비콘이 없다면, 아트리엄 뷰를 표시할 것이다.

전시품 뷰는 사용자 이름을 서버로 전송할 책임도 있다. 웹 뷰를 생성하며 시작하자. 단순한 내비게이션 바와 페이지 나머지를 채우는 웹 뷰를 포함한다. 내비게이션 바 내에 맵 모드와 디테일 모드 간을 전환하는 버튼도 생겼다. 다음 단계를 수행한다.

1. 서브 뷰에서부터 계속 뒤질 필요 없도록, 중요한 필드를 프로퍼티로 유지할 것이다. 다음 프로퍼티를 뷰 컨트롤러에 추가한다.

```
@property (nonatomic, retain) UILabel * exhibitLabel;
@property (nonatomic) BOOL isMapMode;
@property (nonatomic) BOOL hasSentNameToServer;
@property (nonatomic, retain) UINavigationBar *
  exhibitNavbar;
@property (nonatomic, retain) UIWebView * mapWebView;
@property (nonatomic, retain) UIWebView * detailWebView;
```

2. 지도와 디테일 모드 간을 전환할 메소드를 추가한다. 이 메소드는 단지 로컬의 isMapMode 프로퍼티를 설정하고, 하나 이상의 웹 뷰를 숨겨야 한다.

```
-(void)switchMapMode {
  self.isMapMode = !self.isMapMode;
  self.mapWebView.hidden = !self.isMapMode;
  self.detailWebView.hidden = self.isMapMode;
}
```

3. 앱은 전시품 뷰로 넘어갈 수 있을 때 알아야 하며, 이름을 일단 서버로 전송한 후에야 이 일을 할 수 있다. UIWebViewDelegate 선언을 컨트롤러 헤더 파일에 추가한 후, 앱이 범위에 들자마자 전시품을 표시할 수 있음을 알 수 있도록 다음 메소드를 추가한다.

```
-(void)webViewDidFinishLoad:(UIWebView *)webView {
  self.detailWebView.delegate = nil;
  self.hasSentNameToServer = YES;

  UILabel * atriumInstructions =
    (UILabel*)[self.atriumView viewWithTag:2];
  [atriumInstructions setText:@"As you browse the museum
```

```
      we'll present information relevant to you"];
    [self startMonitoringForRegion];
  }
```

4. 이제 반드시 컨트롤러를 configureExhibitView 메소드 끝에서 웹 뷰의 델리
   게이트로 만들어야 한다.

```
self.detailWebView.delegate = self;
```

전시품 뷰의 컨트롤 추가

이제 전시품 뷰에 컨트롤을 추가해야 한다. 아주 직선적이지만, 다시 한 번 말하는
데, 코드가 많으니, 섹션별로 할 것이다. 다음 단계를 수행한다.

1. 퍼미션 뷰와 마찬가지로, 내비게이션 바가 필요하다. 이번에는 컨트롤러 프로
   퍼티에 레퍼런스를 유지하지만 말이다. 다음 코드를 configureExhibitView
   메소드에 추가한다.

```
UINavigationBar * navbar = [[UINavigationBar alloc] init];
  navbar.barTintColor = [UIColor colorWithRed:129.f/255.f
    green:76.f/255.f blue:166.f/255.f alpha:1.f];
  navbar.translucent = NO;
  [navbar setFrame:CGRectMake(0, 0,
    self.locationPermissionView.frame.size.width, 44.f)];
  [self.exhibitView addSubview:navbar];
  self.exhibitNavbar = navbar;
```

2. 이제 제목을 추가하고 프로퍼티에 레퍼런스를 유지한다.

```
UILabel * titleLabel = [[UILabel alloc]
  initWithFrame:navbar.frame];
[titleLabel setText:@"Exhibit"];
[titleLabel setTextAlignment:NSTextAlignmentCenter];
[titleLabel setTextColor:[UIColor whiteColor]];
[navbar addSubview:titleLabel];
self.exhibitLabel = titleLabel;
```

3. 우측 바 버튼과 함께 내비게이션 항목을 추가해 뷰를 정보에서 지도 뷰로 전환한다.

```
UIButton * button = [UIButton
  buttonWithType:UIButtonTypeDetailDisclosure];
    CGRect frame = button.frame;
    frame.origin.x = navbar.frame.size.width - 10.0f -
      frame.size.width;

    frame.origin.y = (navbar.frame.size.height/2)-
      (frame.size.height/2);
    button.tintColor = [UIColor whiteColor];
    [button addTarget:self action:@selector(switchMapMode)
      forControlEvents:UIControlEventTouchUpInside];
    [button setFrame:frame];
    [navbar addSubview:button];
```

4. 이제 웹 뷰를 추가하고, 다시 로컬 레퍼런스를 유지한다.

```
UIWebView * detailWebView = [[UIWebView alloc]
  initWithFrame:CGRectMake(0, navbar.frame.size.height, self.view.
frame.size.width, self.view.frame.size.height-
  navbar.frame.size.height)];
UIWebView * mapWebView = [[UIWebView alloc]
  initWithFrame:detailWebView.frame];
[mapWebView setHidden:YES];
self.detailWebView = detailWebView;
self.mapWebView = mapWebView;
[self.exhibitView addSubview:detailWebView];
[self.exhibitView addSubview:mapWebView];
```

콘텐츠 메소드 추가

전시품 뷰를 완성하기 위해, 두 메소드가 필요한데, 하나는 콘텐츠 표시용이고, 다른 하나는 이름 설정용이다. 다음 단계를 수행한다.

1. 메소드를 추가해 사용자 이름을 서버로 전송한다. 아트리엄 뷰에서 UITextField 값을 사용할 텐데, 곧 생성할 것이다.

2. 이 메소드는 텍스트 필드를 포착해, 값을 전송하기 전 그 텍스트 값으로 URL을 형성하고, 로케이션을 모니터링하기 시작한다.

```
-(void)sendNameToServer {
  UITextField * nameTextField = (UITextField*)[self.atriumView
    viewWithTag:1];
  NSString * urlString = [NSString stringWithFormat:@"http://
    museum.ibeacon.university/name/%@", [nameTextField.text stringByAd
    dingPercentEscapesUsingEncoding:NSASCIIStringEncoding]];
  [self.detailWebView loadRequest:[NSURLRequest
    requestWithURL:[NSURL URLWithString:urlString]]];
  [self startMonitoringForRegion];
}
```

비콘 범위 결정

전시품 뷰를 마치기 위해 마지막 해야 할 일은 비콘 범위 결정과 관련 세부 표시다. 다음 단계를 수행한다.

1. 일단 현재 뷰 전시품이 무엇인지 알 수 있도록 메이저, 마이너 프로퍼티를 추가한다.

```
@property (nonatomic) int currentMajor;
@property (nonatomic) int currentMinor;
```

2. 이제 locationManager:didRangeBeacons:inRegion 메소드 스텁을 추가한다.

```
-(void)locationManager:(CLLocationManager *)manager
  didRangeBeacons:(NSArray *)beacons
 inRegion:(CLBeaconRegion *)region
{
  }
```

3. 새 메소드 스텁에 관련 뷰의 프레임을 준비하고 무엇이 가장 가까운 비콘인지 결정하는 다음 코드를 추가한다.

```
if (!self.hasSentNameToServer) return;
  CGRect frame = self.view.frame;
CGRect offsetLeftFrame = CGRectMake(-frame.size.width,
 0, frame.size.width, frame.size.height);
```

```
CLBeacon * closestBeacon = nil;
for (CLBeacon * beacon in beacons) {
  if (closestBeacon == nil) {
    closestBeacon = beacon;
  }
  else {
    if (beacon.accuracy < closestBeacon.accuracy) {
      closestBeacon = beacon;
    }
  }
}
```

4. 이제 비콘이 5미터 이내에 있는지 판단해, 그 경우 콘텐츠를 웹 뷰로 로딩하고, 아트리엄 뷰가 표시되지 않는지 확인해, 전시품 뷰를 표시해야 한다.

```
if (closestBeacon && closestBeacon.accuracy < 5) {
  self.atriumView.frame = offsetLeftFrame;
 self.exhibitView.frame = frame;

  if (self.currentMajor != [closestBeacon.major
    intValue] || self.currentMinor !=
    [closestBeacon.minor intValue]) {
      self.currentMajor =[closestBeacon.major
        intValue];
      self.currentMinor =[closestBeacon.minor
        intValue];
      NSURL * detailUrl = [NSURL
        URLWithString:[NSString
        stringWithFormat:@
        "http://museum.ibeacon.university/exhibit
        /%i/%i", self.currentMajor, self.currentMinor]];
  } }
  NSURL * mapUrl = [NSURL URLWithString:[NSString
    stringWithFormat:@"http://museum.ibeacon.
    university/map/%i/%i", self.currentMajor,
    self.currentMinor]];

  [self.detailWebView loadRequest:[NSURLRequest
    requestWithURL:detailUrl]];
  [self.mapWebView loadRequest:[NSURLRequest
    requestWithURL:mapUrl]];
```

```
        }
    }

    if (self.currentMajor == 1) {
        self.exhibitNavbar.barTintColor = [UIColor
            colorWithRed:95.f/255.f green:185.f/255.f
            blue:89.f/255.f alpha:1.f];
        self.exhibitLabel.text = @"Ancient Egypt";
    }

    if (self.currentMajor == 2) {
        self.exhibitNavbar.barTintColor = [UIColor
            colorWithRed:85.f/255.f green:159.f/255.f
            blue:208.f/255.f alpha:1.f];
        self.exhibitLabel.text = @"Native America";
    }

    if (self.currentMajor == 3) {
        self.exhibitNavbar.barTintColor = [UIColor
            coloWithRed:188.f/255.f green:88.f/255.f
            blue:88.f/255.f alpha:1.f];
        self.exhibitLabel.text = @"British Empire";
    }
```

5. 근처에 비콘이 없다면, 아트리엄 뷰를 표시해야 할 것이다. 다음과 같이 else
   if 문을 추가한다.

```
else if (self.currentMajor > 0) {
    self.exhibitView.frame = offsetLeftFrame;
    self.atriumView.frame = frame;
    self.currentMajor = 0;
    self.currentMinor = 0;
};
```

아트리엄 뷰의 설정

마지막 뷰는 아트리엄 뷰인데, 비콘이 5미터 내에 없을 때나, 아직 사용자 이름을
받지 못했을 때의 홀딩 뷰다. 그러면 처음 해야 할 일은 사용자 이름의 수집이어야
합리적이다. 다음 단계를 수행한다.

1. **ViewController** 헤더 파일로 다시 돌아가 컨트롤러 **UITextFieldDelegate**를 선언한다.

   일단 이름에 대해 허용 가능한 답이 생긴 후에는 텍스트 필드를 숨겨 서버에 첫 웹 호출을 보내야 하는데, 이미 설정한 바 있다. 비콘 모니터링을 시작해야 할 때를 알기 위해, **UITextFieldDelegate**의 **textFieldShouldReturn:** 메소드를 사용해야 한다. 일단 허용 가능한 값을 얻은 후에는 이전에 생성한 **sendNameToServer** 메소드를 호출할 것이다.

2. 이제 다음 코드를 추가해 텍스트 필드가 비지 않도록 보장한다.

```
-(BOOL)textFieldShouldReturn:(UITextField *)textField {
  if ([textField.text stringByTrimmingCharactersInSet:[NSCharact
    erSet whitespaceAndNewlineCharacterSet]]) {
    [textField setHidden:YES];
    [textField resignFirstResponder];
    [self sendNameToServer];
    return YES;
  }
  return NO;
}
```

아트리엄 뷰의 추가

앱 테스트 전 마지막 해야 할 일은 아트리엄 뷰 컨트롤이다. 그렇다고 다른 컨트롤 생성 메소드와 아주 유사하기에 상세 설명은 전혀 필요하지 않다. 다만 이전 생성한 다른 메소드에서 포착해야 하기에 텍스트 필드에 1의 태그 값, 도움말에 2의 태그 값을 사용한다는 점만은 지적해야 한다.

다음 스니펫처럼 보이도록 configureAtriumView를 완성한다.

```
-(void)configureAtriumView {
  UINavigationBar * navbar = [[UINavigationBar alloc] init];
  navbar.barTintColor = [UIColor colorWithRed:129.f/255.f
    green:76.f/255.f blue:166.f/255.f alpha:1.f];
  navbar.translucent = NO;
  [navbar setFrame:CGRectMake(0, 0,
```

```objectivec
    self.atriumView.frame.size.width, 44.f)];
[self.atriumView addSubview:navbar];

// 제목 추가
UILabel * titleLabel = [[UILabel alloc]
  initWithFrame:navbar.frame];
[titleLabel setText:@"Atrium"];
[titleLabel setTextAlignment:NSTextAlignmentCenter];
[titleLabel setTextColor:[UIColor whiteColor]];
[navbar addSubview:titleLabel];

// 도움말과 레이블 추가
UILabel * welcomeLabel = [[UILabel alloc] initWithFrame:
  CGRectMake(10.f,
  titleLabel.frame.size.height + 10.f,
  self.view.frame.size.width-20.f,
  60.f)];
[welcomeLabel setTextColor:[UIColor whiteColor]];
[welcomeLabel setTextAlignment:NSTextAlignmentCenter];
[welcomeLabel setText:@"You are currently in the atrium"];
[welcomeLabel setFont:[UIFont systemFontOfSize:20.f]];
[welcomeLabel setNumberOfLines:0];
[self.atriumView addSubview:welcomeLabel];

UILabel * instructionsLabel = [[UILabel alloc] initWithFrame:
  CGRectMake(10.f,
  welcomeLabel.frame.origin.y +
  welcomeLabel.frame.size.height + 20.f,
  self.view.frame.size.width-20.f,
  80.f)];
[instructionsLabel setTextColor:[UIColor whiteColor]];
[instructionsLabel setTextAlignment:NSTextAlignmentCenter];
instructionsLabel.numberOfLines = 0;
[instructionsLabel setText:@"Before you begin, to help us make
  your journey more enjoyable, please tell us your name."];
instructionsLabel.tag = 2;
[self.atriumView addSubview:instructionsLabel];

UITextField * textField = [[UITextField alloc]
  initWithFrame:CGRectMake(10.f,
```

```
    instructionsLabel.frame.origin.y +
    instructionsLabel.frame.size.height + 10.f,
    self.view.frame.size.width-20.f, 44.f)];
  [textField setDelegate:self];
  textField.tag = 1;
  textField.backgroundColor = [UIColor whiteColor];
  [textField setReturnKeyType:UIReturnKeyGo];
  [self.atriumView addSubview:textField];
}
```

이 스니펫에 코드가 꽤 많지만, 그 중 대부분은 단지 레이아웃과 스타일링 코드다. 순서대로 코드가 하는 일은 다음과 같다.

1. 내비게이션 바를 설정한다.

2. 제목 레이블을 추가한다.

3. 제목 바로 아래 웰컴 레이블을 추가한다.

4. `UITextField`을 생성한다. 현재 `ViewController`를 델리게이트로 설정한 이후 뷰에 추가한다.

테스트 시간

사실 엄청난 방대한 튜토리얼이었기에 이 단계를 놓쳤을 가능성이 크다. 뭔가 기대대로 잘 작동하지 않는다면, 단계마다 다시 거쳐 컴패니언 사이트에서 완성된 소스 코드를 다운로드해 자신의 코드와 비교해 무엇을 놓쳤을 수 있는지 볼 수 있다.

컴패니언 OS X 앱으로 비콘 역할을 하게 한 후 잊지 말고 http://museum.ibeacon.university/의 별도 브라우저 창을 열어 웹에서도 진행 상황(외에 기타)을 본다.

마지막으로 어떤 코드든 자유롭게 수정, 적용, 리팩토링하거나, 이 튜토리얼에 관한 질문이 조금이라도 있다면 트위터에서 내게 연락해달라(@craiggilchrist).

정리

이 장은 사실 단지 이 책 전반에 걸쳐 배운 전부를 보강하기 위한 것이다. 마지막 장은 아이비콘을 둘러싼 보안 이슈 외에 이 기술의 미래가 어떤지도 관찰한다.

코딩에 관한 한, 책의 마지막 튜토리얼이었다. 이 기술의 놀라운 잠재력을 정말 파악했기를 바라며, 놀라운 프록시미티 기반 애플리케이션을 구축할 때 필요한 코딩 스킬을 전부 제대로 갖췄기를 바란다.

다음 장은 스푸핑, 해킹, 좋은 사용자 경험으로 사용자의 두려움을 극복시키기 등 아이비콘 솔루션 디플로이의 보안 측면 중 일부를 논할 것이다.

9

아이비콘 보안과
위험요소의 이해

이 책의 마지막 장은 개발자, 소비자로서 모두 아이비콘을 둘러싼 보안 이슈를 이해하자는 것이다. 이 책의 모든 튜토리얼을 따랐다면, 이미 개발자로서 직면할 수 있는 보안 이슈가 어떤 것이 있는지 잘 이해했을 것이다. 이 장은 그 이해에 더 심도를 더할 것이다.

사용자의 흔한 보안 우려에 대한 표현과 함께 몇 가지 보안 고려사항을 함께 살펴보면 책을 끝내는 훌륭한 방법이리라 생각했다.

1장에서 보안 위험요소 중 일부를 다뤘기에, 몇 가지 내용을 살펴보았다. 이 장에서는 완전히 보안만 다루므로 이 주제를 더 깊이 다룰 것이다.

비콘 스푸핑

개발자로서 주된 우려 중 하나는 아이비콘 프로필의 취약성일 것이다. 블루투스 스니퍼 앱을 갖추면 누구나 아주 쉽게 비콘 서명을 파악해 자신의 앱에서 몰래 사용할 수 있다. 결국 이 책의 중간에 이미 아이폰에게 비콘 역할을 하게 만든 셈이다.

CES(소비자 가전 쇼) 2014는 그 방문자에게 아이비콘 기반의 보물 찾기를 제공했고, 컨퍼런스가 시작하기도 전에 쇼는 메이크 매거진의 팀에 의해 해킹돼, 이벤트에 참여하지도 않고 보물 찾기에서 우승할 수 있었다. 메이크의 대담한 해킹에 관한 더 자세한 내용은 http://bit.ly/makehacks에서 읽어볼 수 있다.

메이크 매거진이 한 일은 안드로이드 APK 파일(안드로이드 앱을 포함하는 컴파일된 압축 파일)을 다운로드한 후 디컴파일러를 통해 구동해 CES가 사용한 비콘 프로파일을 발견하는 것이었다.

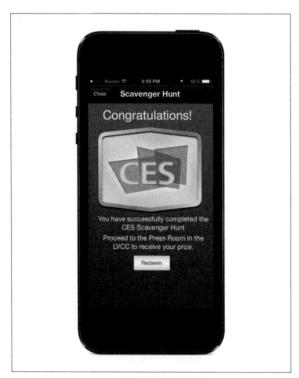

▲ CES 보물 찾기 우승자

비콘 스푸핑에 대한 방어

궁극적으로 악의적인 사람들에 대해 방어하는 가장 좋은 방법은 먼저 신경 쓸지 말지 결정하는 것이 아닐까?

비콘 프로필로 마케팅 메시지나 친절한 기능을 전송한다면, 아주 저차원의 보안 메커니즘을 선택하는 편이 안전하다. 비콘이 나타내는 자산이 더 가치 있고 기능이 보호가 필요하다 판단한다면, 진실에 직면할 때다. 비콘 프로필은 해킹 가능하며, 쉽게 발견 가능하기에, 앱은 기기가 실제로 비콘 범위 내에 있는지 판단하기 위해 추가적인 단서를 활용해야 한다.

다른 단서로 GPS 로케이션, 사용자 행동 등 실제 비콘인지 판단할 수 있다(사용자는 근처에 있다 판단되는 다른 비콘을 지나쳤는가?).

비콘 보안 관리의 또 다른 방법은 콘텐츠 관리 시스템을 통해 웹 서비스를 이용해 실제로 비콘 프로필을 앱에 전달하는 것이다. 이러면 하나가 스푸핑을 당해도 쉽게 모니터링을 중단할 수 있다.

UUID의 로테이션

김발 비콘은 비콘 UUID를 얻기 위해 보안 웹 API에 쿼리를 날리는 SDK를 사용함으로써 로테이션하는 UUID를 이용한다. 비콘은 스마트하기도 해서, 인터넷 연결 없이 UUID를 바꾼다.

일단 디플로이된 후 비콘은 API 사용 없이는 본질적으로 쓸모없기에, 비콘 디플로이의 멋진 보안화다. 하지만 SDK, 클라우드 플랫폼이 사용지 당 요금으로 부과되기에 솔루션 제공업체로서 김발Gimbal을 쓰면 상당한 비용이 관련된다.

비콘 해킹

이미 1장과 7장에서 비콘 구매와 다양한 종류의 비콘을 논했으니, 이미 비콘 판매업체가 보안 모델을 구현하는 방식에 있어서 다양한 차이가 있음을 안다. 비콘 판매업체는 일석이조의 상황이다. 소유자가 UUID, 메이저, 마이너 값을 설정하게 해줄 방법이 필요한 반면, 동시에 악의적인 사람이 비콘을 하이재킹해 자신의 요건에 맞춰 목적을 바꾸지 못하게 한다.

대부분의 비콘은 블루투스 기기로 원격으로 설정되기에, 적절히 잠그지 않으면, 비콘으로부터 100미터 이내에 해커 한 명만 있으면 목적을 바꿀 수 있다. 예를 들어 비콘을 약한 보안 모델로 몰 등 공공장소 전역에 배치하면, 해커는 비콘을 원래 자리에 둔 채, UUID/메이저/마이너의 세 값을 자신의 앱에 맞게 바꿀 수 있다.

설상가상으로 해커는 비콘 프로필을 바꿀 수 있음을 알면, 훔쳐서 다른 데서 재사용하지 않을 이유가 없지 않겠는가?

비콘이 여전히 원래 자리에 있는지 아는 것이 앱 개발자나 서비스 제공업체로서 중요하다. 이든 에이전시의 내 팀은 비콘이 원래 설계한 자리에 있도록 보장하기 위해(그리고 여전히 배터리가 있도록 보장하기 위해) 여러 방법을 디플로이했는데, 그 모두 궁극적으로 앱으로 비콘을 지나치도록 앱 소비자에게 의존하는 것이었다. 그후 GPS로 물리적 위치를 파악해, 중앙의 HTTP 웹 서비스로 다시 보고한다.

보안의 신화와 허구

이미 1장에서 보안에 관한 흔한 신화 중 대부분을 허구로 만들었지만, 지친 클라이언트나 사용자를 위해 완전한 표현을 확보하도록 다시 반복만 할 생각이다. 다음 단계를 고려한다.

- **비콘은 내 로케이션을 추적한다**: 비콘은 로케이션을 추적하지 않는다. 근처에 있을 때 알려주기 외에는 아무 일도 하지 않는다. 데이터를 푸시하지, 데이터를 전혀

추출하지 않으며, 더구나 앱이 접촉하는 대부분의 비콘은 거기 있다는 점을 신경 쓰지도 않는다.

- **비콘은 타깃팅된 경품을 전달한다**: 비콘은 UUID/메이저/마이너의 세 값 외에는 어떤 것도 전달하지 않는다. 타깃팅된 경품을 전달하기 위해, 앱은 습관에 관해 더 많이 알아야 하기에, 궁극적으로 퍼미션과 개인에 대한 다른 이해가 필요하다.

- **비콘은 내 퍼미션 없이 나를 추적할 수 있다**: 모바일 기기는 매일 비콘과 접촉할 것이며, 기술이 가속도를 내면서, 기기는 수천 개의 비콘을 만날 것이다. 비콘은 기기로부터 어떤 데이터도 풀하지 않으며, 앱이 개발자에게 로케이션을 알려주기 위해서는 일단 로케이션 정보에 퍼미션을 줬어야 한다.

- **내 UUID는 내게 속한다**: UUID는 내 소속이 아니다. 생성할 수는 있고, 다른 누가 우연히 같은 것을 생성할 수 없지만, 어떤 UUID가 누구에게 속하는지 관장하는 감독 기구가 없기에, 다른 사람에게 같은 UUID를 사용하지 못하도록 할 방법은 없다.

좋은 UX로 사용자의 두려움을 극복시키기

모든 신기술처럼 좋은 UI로 개인정보에 관한 사용자의 두려움을 경감시키는 일이 중요하다.

그냥 디폴트 로케이션 퍼미션 대화 상자를 사용하는 대신, 사용자에게 전체 설명으로 로케이션 퍼미션을 왜 원하는지 사용자에게 알려줘야 한다. 더구나 iOS 7 이래 이 설명문을 앱의 info.plist 파일에서 NSLocationUsageDescription 키로 추가할 수 있다.

관련된 지점에서 로케이션을 요청하는 것도 중요하다. 그냥 앱을 시작하자마자 사용자에게 요청을 뿜어내지 말아야 한다. 그러면 요청을 거부할 가능성이 크다.

마지막으로 필요한 경우만 로케이션을 얻는다. 마케팅 메시지로 스팸을 보내는 것보다 사용자에게 앱을 더 빨리 삭제하게 만드는 방법은 없다.

비콘으로 앱을 개발할 때 내 마지막 충고 하나는 단지 개발자가 아니라 사용자로 서 앱을 관찰하라는 것이다. 기능 일부가 사용자 관점에서 올바르다는 느낌이라 면, 실제 그럴 것이다. 사용자가 앱을 스푸핑으로 볼 수 있는지 자문하면, 사용자 로케이션을 요청하기 위해 충분히 가치 있는 기능을 사용자에게 제공 중이지 않을 가능성이 크다.

정리

이 장은 아이비콘 디플로이를 둘러싼 보안 이슈 중 일부와 그 보안 이슈 중 일부에 대해 방어하는 법을 논했다. 마지막으로 아이비콘 솔루션과 만날 때 사용자의 흔 한 두려움과 그 두려움을 경감하는 법을 논했다.

이 장의 끝, 즉 아이비콘 솔루션의 초기 여정에 다다랐지만, 여정의 끝은 절대 아 니다. 책에 관해 어떤 질문이라도 있다면, 듣고 싶으니, @craiggilchrist로 트위 터에서 연락하면 기꺼이 돕겠다. 남은 일은 앞으로의 프록시미티 기반 노력에 이 책에 관련된 모두와 함께 행운을 비는 것 뿐이다. 읽어줘서 고맙고 놀라운 아이비 콘 솔루션을 구축하기를 빌겠다.

찾아보기

에이콘출판의 기틀을 마련하신 故 정완재 선생님 (1935-2004)

Learning iBeacon 한국어판
애플 위치감지기술 아이비콘

인 쇄 | 2015년 12월 11일
발 행 | 2016년 1월 4일

지은이 | 크레이그 길크리스트
옮긴이 | 최 윤 석

펴낸이 | 권 성 준
엮은이 | 김 희 정
안 윤 경
전 진 태
표지 디자인 | 한국어판_이승미
본문 디자인 | 남 은 순

인쇄소 | 한일미디어
지업사 | 신승지류유통(주)

에이콘출판주식회사
경기도 의왕시 계원대학로 38 (내손동 757-3) (16039)
전화 02-2653-7600, 팩스 02-2653-0433
www.acornpub.co.kr / editor@acornpub.co.kr

ISBN 978-89-6077-799-6
ISBN 978-89-6077-210-6 (세트)
http://www.acornpub.co.kr/book/ibeacon

이 도서의 국립중앙도서관 출판시도서목록(CIP)은 서지정보유통지원시스템 홈페이지(http://seoji.nl.go.kr)와
국가자료공동목록시스템(http://www.nl.go.kr/kolisnet)에서 이용하실 수 있습니다.(CIP제어번호: CIP2015033729)

책값은 뒤표지에 있습니다.